KB060992

1화뿐일지 몰라도
아직 끝은 아니야

1화뿐일지 몰라도
아직 끝은 아니야

인생만화에서
끌어올린
직장인 생존철학
35가지

김봉석 지음

한겨레출판

차례

2부 방어력: 1회로 박살나지 않는 멘탈 체력

"사람은 누구나 실수하잖아. 그래서
연필 뒤에 지우개가 달려 있는 거라고."

3부 결단력 : 인간관계의 어려움, 진로 고민 앞에서

"날지 않는 돼지는 평범한 돼지일 뿐이야."

1부 　　　　　　　　　　전투력

물러서야 할 때 vs 싸워야 할 때

"과거는 상관없어. 아프긴 하겠지. 하지만
둘 중 하나야. 도망치든가, 극복하든가."

'완벽한 타인'이라는 마음

> 나는 아무것도 느끼고 싶지 않다.
> 영원히 무감각하게 되고 싶었다.
> 〈홀리랜드〉

　왕따를 당하고 집 안에 틀어박힌 소년. 〈홀리랜드〉의 주인공 카미시로 유우는 히키코모리(은둔형 외톨이)다. 심심하기도 하고, 울분을 발산하는 뭔가가 필요했던 유우는 권투의 스트레이트를 연습한다. 책을 보고, 인터넷을 보고 오로지 스트레이트만 따라 한다. 시간이 넘쳐났던 유우의 스트레이트는 점점 빠르고 강력해진다. 어느 날, 유우는 거리로 나간다. 그리고 실전에서 스트레이트를 시험해본다.

　오래전, 〈홀리랜드〉를 보면서 두 가지를 생각했다.

하나는 '내몰린 자는 무엇을 해야 하는가?'이다. 인간이 모인 곳에는 늘 말이 많다. 자기하고 마음이 안 맞는 사람, 행동이 기분 나쁜 사람, 라이벌인 사람, 그냥 미운 사람 등등 누군가를 욕하고 따돌리는 일이 생긴다. 누군가를 공격하기 위해서는 동료가 필요하니 친한 사람끼리 집단을 만든다. 그 안에 들어가지 못하면, 더 큰 집단에서도 내쳐지는 경우가 생긴다. 혼자 있으면, 혼자 살아가면 흔히 미움을 받는다.

회사에서 개인은 약자다. 개인의 생각, 행동을 말하고 실천하는 것만으로도 외면받는 경우가 종종 있다. 회사는 집단이고 거대한 목표가 있다. 하나의 목표를 위해서 누구나 일사불란하게 움직여야 한다. 개인행동은 금물이다. 과거에는 회사를 위해 개인의 사생활까지 당연히 바쳐야 한다고 생각했지만 이제는 많이 변했다. 사생활까지 바칠 것을 요구하려면 많은 월급과 보상을 줘야 한다.

그런데 회사에는 단지 공적인 조직, 상사만이 개인에게 압박을 가하는 것이 아니다. 동료들도 때로는 적이 된다. 그것도 아주 치명적인 적이. 비슷한 연차에, 비슷한 능력을 가지고 경쟁한다는 이유만으로도 따돌림을 받는다. A는 사람들과 잘 어울린다. 점심에는 동료와 후배들을 이끌고 식사를 하러 간다. 상사도 자주 끼어 있다. 그런 그가 나를 라이벌로 생각하거나 알 수 없는 이유로 미워한다면 방법이 없다.

  불행인지 다행인지, 회사에서 내가 그런 경우를 당한 적은 없다. 워낙 둔한 탓에 몰랐을 수도 있지만, 내가 몰랐다면 없는 것이나 마찬가지다. 왕따를 당하거나 공격당하는지 모를 정도라면 크게 타격이 없었다는 거니까. 대체로 나는 논외의 인간이었다. 권력에 관심이 없고, 상사에게 잘 보이려는 어떠한 행동도 하지 않고, 사람들과 어울려 집단을 만들지도 않고, 혼자 일하고 혼자 가서 노는. 취재원을 자주 만나 친해지지도 않았고, 그들과 어떤 관계를 맺으려 하지도 않았다. 그러니까 무시해도 될 만한, 혼자의 세계에서 노는 인간 정도로 보였을 것이다.

  나는 아니고, 타인이 왕따를 당하는 경우는 종종 봤

1화뿐일지 몰라도 아직 끝은 아니야

다. 회사에 있다 보면 당연히 보인다. 인간들이 관계를 맺어가는 과정이…. 서로 필요한 것이 있으면 주고받는다. 그러면서 돈독해지고 행동을 함께 한다. 서로 야심이나 능력이 비슷하면 일종의 계약관계처럼 된다. 어떤 경우는 리더가 분명하게 있다. 아주 야망이 크고 사람을 가지고 노는 재주가 있는 사람이 리더가 된다. 선배건, 후배건 가지고 논다. 자신에게 이익이 되고, 조종할 수 있는 사람들을 이끌면서 자신이 미워하는 소수를 궁지에 몰아넣는다. 그에 휘말려 그만두는 이들도 꽤 있었다. 대부분은 싸우는 것을 회피하니까.

회사를 그만두기 전에 피해자들은 조용해진다. 회사 내에 별다르게 이야기할 사람도 없다. 그를 미워하는 집단이 있고, 집단에 속해 있지 않은 이들은 계속 방관한다. 그런 점에서는 학교에서의 왕따하고 다를 게 없다. 미움받고 공격당하는 존재가 내가 아니라면 그저 아무 일도 없는 것처럼 행동하거나 가해자에게 동조한다. 어른이 되지 못한 미성숙한 존재들이다.

직장에서 왕따를 경험하는 이들도 학교 이상으로

힘들어진다. 차라리 상사가 괴롭히거나 회사의 비합리적인 시스템이 문제라면 공식적으로 싸울 수나 있지, 동료 사이에서 벌어지는 사적인 괴롭힘은 해결할 방법을 찾기도 힘들다. 학교의 왕따와 비교한다면 신체적 폭력이 없는 것이 그나마 나은 점이라고 할까? 회사를 그만두는 것이 유일한 방법처럼 보인다. 아니면 무감각해지거나. 하지만 어렵다. 정신적으로 고립되어 있는 상황을 견디기 위해서는 완벽한 혼자가 되어야 하는데, 그들이 나와 아무 관계가 없는 '완벽한 타인'이라는 것을 인정하는 일은 쉽지 않다. 철저하게 공적으로만 관계하겠다고 매일같이 (심하면 화장실에 가거나 사무실을 왔다갔다 하는 그 순간에도) 결심해야 한다. '내 일만 잘하면 되지'라고 정신무장해야 한다.

그게 아니라면 적당히 싸우는 방법이 있다. 그 점에서 〈홀리랜드〉에서 배울 점이 하나 있는데, 바로 유우가 연습한 게 '오로지 스트레이트'라는 점이다. 유우는 거리에 나가서 시비가 붙었을 때, 스트레이트로 공격을 해서 상대를 쓰러트린다. 오로지 하나만 죽어라고

1화뿐일지 몰라도 아직 끝은 아니야

연습했기 때문에 빠르고 강하다. 하나에만 미친 듯이 집중해서 연습하면 그게 무엇이든 강력한 무기가 되니까. 물론 그 이상으로 유우가 성장하려면, 더 강한 상대와 싸워 이기기 위해 다른 기술을 익히는 게 필수조건이지만 지금은 스트레이트 하나만으로 충분하다.

즉, 당신에게도 단 하나의 무기가 있어야 한다. 회사에 남아 있겠다면, 그들이 어떻게 나를 괴롭혀도 내일을 하고야 말겠다면 무엇인가 하나를 찾아야만 한다. 당신을 절대적으로 신뢰하는 상사도 좋고, 이것만은 누구나 최고라고 인정해주는 나만의 스킬도 좋다. 영업을 한다면 탁월한 성적을 올리는 것도 좋다. 무엇이건 좋다. 죽을 정도로 연습해서 최상의 실력으로 키워내기만 하면 된다. 모든 것을 잘할 필요도 없고, 모든 이와 잘 지낼 필요도 없다. 당신의 실력을 단 하나만으로 입증할 수 있어야 한다. 이것은 내가 제일 잘 알아. 이건 내가 제일 잘해. 이렇게 말할 수 있는 무엇이 반드시 필요하다.

블랙기업 경험담

백수로 지내고 있을 때 지인에게서 제안이 왔다. 비디오 잡지를 내는 곳이 있는데 해보지 않겠냐는 것이었다. 당시는 비디오 대여점이 호황이었고, 주로 비디오 회사의 광고를 받으면서 만들어지는 잡지들이 꽤 잘 나갔다. 놀면 뭐하냐는 생각으로 사장을 만나봤다. 그리고 일하기로 했다. 뭔가를 하자고 생각했으면 그냥 부딪쳐보는 편이기 때문에. 하다가 영 아니다 싶으면 그만두면 되니까.

우려되는 지점은 분명하게 있었다. 가기 전에 들은

1화뿐일지 몰라도 아직 끝은 아니야

말로, 사장은 부잣집 아들인데 놀다가 아무 일이라도 하라는 부모의 말에 비디오 잡지를 생각했고 그래서 회사를 차렸다고 했다. 그 시절에는 다들 돈이 있으면 정치를 하려 했고, 변변한 직업이 없으면 제일 만만한 길이 잡지 하나 만들어 언론인이 되는 것이었다. 대충 그런 의도였다고 들었다. 그런 사실은 이미 알고 간 것이니 큰 문제가 아니었다.

강남에 사무실이 크게 있었고 편집장 없이 주간만 있었다. 사장이 다른 비디오 매체에서 데려온 사람이라고 했다. 그리고 편집차장이 나까지 해서 두 명. 신입 기자들을 뽑고 잡지를 만들기 위한 기본적인 업무를 진행하는데… 슬슬 문제가 생겼다. 주간은 아무 일도 하지 않았고, 교육을 담당하기로 한 다른 편집차장은 신입을 방치했다. 나는 한 달이 되기도 전에 심각한 문제가 있다고 판단했다.

근거는 여러 가지가 있었다. 전체 MT를 가서 술을 마시다가 주간과 편집차장이 약간의 말다툼을 했는데 (사실 다툼도 아니고 주간의 말에 약간 다른 주장을 한 것

뿐) 주간이 갑자기 "야, 너 머리 박아" 했다. 편집차장은 바로 머리를 박고. 어이가 없어 그냥 보고 있자니 "너도 박아" 하는 것이다. 나는 나의 장점이라고도 할 수 있는 특유의 자의식 없는 표정과 묵직한 중저음으로 빠르게 되받아쳤다. "싫은데요." 그러고나서 이어진 주간과 나의 옥신각신…. 결국 사장이 중간에서 말렸다. MT 이후 말도 안 되는 자잘한 시비가 이어졌다. 회의를 할 때 자세가 좋지 않다는 둥, 이야기를 하는데 잘 안 듣는 것 같다는 둥~. 그냥 싹 다 무시했다.

어느 날, 신입 기자한테 이야기를 들었다. 전날 주간과 편집차장이 신입 기자들과 함께 저녁을 먹고 간단하게 술을 마셨는데, 갑자기 주간이 편집차장에게 "어제 A회사에 갔었다면서 나한테는 왜 안 줘"라고 했다는 것이다. 그러니까 주간과 편집차장은 이전부터 비디오 회사를 다니며 촌지를 받거나 술을 얻어먹으며 잡지를 만들어왔던 것. 즉, 거래처에서 받은 돈을 왜 자기한테는 안 주냐며 서로 다투었는데, 그걸 신입 기자들 있는데서 아무렇지 않게 했다는 것이다. 수치

심도 없는 인간들.

생각을 했다. 만약 사장이 어느 정도 경험이 있고 합리적인 판단을 할 수 있는 사람이라면 문제를 바로 잡을 수도 있다. 하지만 사장은 나이도 30대 중반이고, 완전 사회 초년생이다. 돈이 많아 열심히 놀기만 했을 뿐. 그리고 회사와 잡지 운영 경험이 전혀 없는 사장을 대신해 주간이 모든 업무를 진행하고 있다. 주간은 아마 여러 협잡을 했을 것이다. 사실상 사기꾼이라고 봐야 하지 않을까.

지금 기준으로 본다면, 그 회사는 블랙기업이었다. 겉으로 보기에는 멀쩡하지만 제대로 돌아가는 건 하나도 없는 불량 회사. 그런 회사에 들어가면 일단 사람들에게 상처를 받는다. 그 회사의 주간이나 편집차장이 그렇듯 제대로 된 상식을 가진 사람이 아니라 불량한 인간들이 요직을 차지하고 있다. 엉터리 규칙을 내세우고, 부당하게 시비를 걸고, 이상한 일들을 명령한다. 일은 계속 하고 있는데 제대로 성과가 나오지 않는다. 간혹 가스라이팅을 하면서, 네가 일을 제대로

하지 못해 회사에 손해를 끼치고 있다고 세뇌하기도
한다.

　나는 한 달을 일하고 그만두겠다고 했다. 건강이 안
좋아서 쉬어야겠다고 말했다. 내가 주간과 내내 티격
태격했던 것을 알고 있는 사장은 그러라고 했다. 다만
한 달만 더 해서 창간 준비호까지만 만들어달라고 요
청했다. 두 달 일해서 창간 준비호를 만든다는 생각은
얼토당토않은 것이었다. 하지만 시비를 걸고 싶진 않
았다. 제대로 준비하려면 적어도 3, 4개월은 필요한
데, 혹시 그것을 받아들이면 내가 그만큼 일해야 한다
는 의미니까. 그래서 그냥 알겠다고 하고, 딱 한 달만
더 일하면서 잡지의 꼴만 갖춰 준비호를 냈다. 주간
과 편집차장은 정말 잡지를 만드는 구체적인 과정은
하나도 몰랐고, 알았다 해도 엉망으로 일했다. 기사도
정말 못 쓰는 잡지쟁이였고.

　한 달 더 일하고 그만두면서 사장한테는 주간을 믿
지 말라고 하고, 신입으로 들어온 기자들한테는 다른
곳을 알아보고 옮기는 것이 좋을 거라고 말했다. 그리

고 두어 달 정도 지났나…. 사장에게서 한번 보자는 연락이 왔다. 강남의 사무실로 가서 문을 열었는데, 안이 텅텅 비어 있었다. 꽤 큰 사무실이었는데. 내가 그만둘 때 30명 정도였던 직원이 경리 딱 한 명만 남아 있었다. 책상과 의자, 책꽂이 등 사무집기들도 10여 개만 남고 다 사라졌다.

어떻게 된 거냐고 물으니, "주간 그거 사기꾼 맞아" 했다. 창간호를 만드는 과정에서 디자인, 종이, 인쇄, 유통 등 비용을 부풀려 다 챙기고 떼어먹고 하면서 결국 거덜이 난 것이다. 네 말이 맞았다고 하는데 딱히 내가 덧붙일 말은 없었다. 결국 당신 책임이니까. 당신이 가장 믿기 좋은 혹은 편한 사람에게 책임을 맡겼으니까 당한 것이다. 누가 봐도 쓰레기인 것이 분명한데 그것을 보고 싶지 않았던 것이지….

사회생활을 하다 보면 정말 다양한 사람을 만나게 된다. 악인도 많다. 타고난 본성이 정말 사악한 인간은 드물지만 나쁜 짓을 하는 인간은 수없이 많다. 착한 인간이 나쁜 짓을 하는 경우도 아주 많다. 나쁜 짓

을 하는 모두를 배척할 필요까지는 없지만 가끔은 정
도가 심한 인간들을 만나면 반드시 멀리 해야 한다.
"쓰레기는 구별하지 않으면 안 돼." 그렇지 않으면 나
까지 물들거나 지저분해진다.

　　　　　　　　　1화뿐일지 몰라도 아직 끝은 아니야

당신이 다니는 회사는 블랙기업입니까?

생계형 직장인들을 위한 불량 회사 판별 질문

1. 엉터리 규칙을 내세우는가?

2. 부당하게 시비를 걸고, 이상한 일들을 명령하는가?

3. 일은 계속 하고 있는데 제대로 성과가 나오지 않는 구린 하루의 반복인가?

4. "네가 일을 제대로 못해서 회사에 손해를 끼치고 있잖아" 라고 가스라이팅 발언을 하는가?

5. 채용 조건에 '정규직 채용'이라고 명시해놓고 근로 계약할 땐 인턴이나 비정규직 채용으로 변경하는가?

6. 전략적인 직장 내 괴롭힘으로 자진 퇴직을 유도하는가?

7. 잔업수당을 미지급하거나 무리한 노동을 강요하며 일회용품 취급하는가?

8. 업무 분장이 안 되어 있어 한 사람이 여러 분야의 일을 해야 하는가?

9. 월차/연차 사용 시 눈치를 주는가?

10. 신입이 2년 이상 일하는 경우가 없는가?

강철 멘탈을 뚫는 창은 언제든 들어온다.
그럼 무엇을 준비해야 할까?

> 과거는 상관없어. 아프긴 하겠지. 하지만
> 둘 중 하나야. 도망치든가, 극복하든가.
> 〈라이온 킹〉

처음 회사에 들어갔을 때 어떤 상사를 만나는 게 도움이 될까? 인성 좋고, 일 잘하는 상사를 만나면 제일 좋겠지만 세상은 결코 쉽지 않다. 일단 그런 사람 자체가 드물다. 첫 직장에서 그런 상사를 만나는 건 거의 로또를 뽑은 것이나 마찬가지다. 그런 상사를 만났다면 그 회사, 그 상사의 밑에서 적어도 5년 이상은 배우고 함께하는 것이 좋다. 평생 있으면 그것도 좋고.

그냥 최악만 아니면 된다고 생각한다. 인성 더럽고, 일 못하고, 욕심은 많은데 책임은 회피하고 등등 나쁜 상사의 요소로 제시할 것은 너무나도 많다. 그중에 두어 요소만 가진 나쁜 상사라면 적당히 넘어가자. 장점 한두 개만 있어도 그걸 위안으로 삼으며 회사를 다닐 수 있으니까.

예전에 다니던 매체의 편집장은 아주 능력이 뛰어난 대신, 기자들을 고생시키는 것으로 유명했다. 일단 밑밥을 깔자면, 능력 있는 편집장의 대부분은 기자들을 힘들게 할 수밖에 없다. 요구 수준이 높으니까 기자들을 달달 볶는다. 팩트가 정확하면서도 새롭고, 독자의 흥미를 자극해야 하고, 글을 잘 쓰는 건 기본이다. 그래도 자신의 기준을 넘어서는 기자들에게는 잘해준다. 만약 수준 미달이라고 판단하면 그야말로 무참하게 까이지만. 기사를 넘기면 다시 쓰라는 경우도 많고, 문장의 팩트를 하나씩 짚으면서 혹독하게 몰아붙인다. 이것이 정확한지, 다른 무엇은 없는지 등등. 기자가 반박할 수 있는 논리가 있으면 그나마 넘어가지만 아니라면 쩔쩔맬 수밖에 없다.

이 정도는 사실 아무런 문제도 아니다. 오히려 좋

다고까지 할 수 있다. 능력이 뛰어난 상사에게 혹독한 훈련을 받으면 강해지고, 어느 곳을 가더라도 자기 역할을 수행할 수 있게 되니까.

하지만 강력한 리더십으로 몰아치기만 한다면 당하는 쪽은 때로 모욕으로 느낄 수도 있다. 또는 단순히 문제점을 지적하면 될 텐데 비하하는 단어를 쓰거나 인격을 모독하는 말을 한다면 문제가 된다. 기사도 제대로 못 쓰면서 밥은 잘 넘어가냐, 같은 언사들. 미묘하게 비꼬거나 조롱하는 경우들. 그리고 기자들을 지나치게 차별하는 경우들. 상사가 그런 모습들을 보이면 사람들은 불만을 가질 수밖에 없다. 아무리 자신의 잘못이나 실력을 인정한다고 해도 감정적으로 화가 쌓이니까.

상사가 감정적으로 무시한다거나 차별한다면 어떻게 해야 할까? 먼저 알아야 할 것은, 이런 경우에라도 상사에 대해 비판을 제기할 수 있는 건 구체적으로 지적할 수 있는 업무의 문제라는 점이다. 너무 사람을 차별하지 않냐, 모욕을 준다 같은 애매한 상황이나 판

1화뿐일지 몰라도 아직 끝은 아니야

단으로 상사를 공격하는 것은 무리가 많다. 지금은 직장 내 괴롭힘 금지법이 있어서, 모욕적인 단어를 사용하거나 고함을 치면 녹음을 해서 문제를 제기할 수 있지만 그런 경우도 명확한 증거가 있어야 한다. 애매하게 비꼬거나 농담처럼 이야기하면 꼬투리를 잡기도 힘들다.

그러면 참고 있어야 하냐고? 반드시 그렇지만은 않다.

"과거는 상관없어. 아프긴 하겠지. 하지만 둘 중 하나야. 도망치든가, 극복하든가."

일단 지금까지는 잊자. 모욕적인 말을 들은 것도, 농담의 대상이 된 것도 잊어버리자. 그리고 좀 더 전략적으로 앞으로의 일을 생각하자. 도망치는 길은 어쩌면 제일 간단하고, 부대끼면서 있어야 할 가치가 없다면 과감하게 뛰쳐나가는 것도 방법이지만, 어쩔 수 없이 있어야 하는 이유가 있다면 버틸 이유를 찾아야 한다. 쉽게 말할 수 있는 것은 강철 멘탈이 되자 같은 것인데, 그게 쉽게 될 일이면 세상에 못할 게 없다. 강철 멘탈을 아무리 만들었다고 해도 언제나 강력한 창은 뚫고 들어오기 마련이다.

그러니 내가 버텨야만 하는 이유를 찾는 게 일단 필요하다. 몇 년 치 일을 쌓아두고 이제 씨 뿌린 걸 거둘 일만 남았는데, 이대로 가기 억울하다든지, 나를 믿어주고 지켜봐준 분들에게 보답을 하고 싶다든지 하는. 일정 기간을 버티기로 했으면 무조건 고개를 숙이고 지나가는 것이다. 인간이 지랄 같아도 배워야 할 게 있다면, 내가 제대로 배울 때까지는 시간을 타고 넘어가야만 한다. 극복이 아니다. 힘들고 어려운 상황 속에서도 어떻게 나아갈 것인지를 익히는 것이다. 적절하게 힘을 뺄 때는 빼고, 싸울 때는 싸우기도 하면서 내가 견딜 수 있는 방법을 찾자.

그리고 상사가 업무적으로 불이익을 주고 있다면, 그런 것을 폭로하며 싸울 일은 거의 없겠지만, 일단 모아두는 것만으로도 마음의 위안이 된다. 언젠가 전면전을 할 때가 온다면 다 무기로 쓰일 테니까. 또는 그런 마음가짐만으로도 상사에게서 받는 스트레스에 소모되기보다 일에 집중할 에너지를 얻게 된다.

1화뿐일지 몰라도 아직 끝은 아니야

계란으로 회사라는
바위를 칠 때 필요한 것

> 도망쳐서 도착한 곳에 낙원이란
> 있을 수 없는 거야. 〈베르세르크〉

검 하나에 의지해 세상의 악마와 싸우는 검사의 이야기 〈베르세르크〉에 나온 말처럼, 문제가 있을 때마다 도망쳐선 원하는 걸 얻을 수 없다.

'문제가 많고, 엉망인 것은 분명한데 그냥 도망치고 싶지는 않다. 이 안에서 뭔가 할 수 있는 것을 최대한 해본 다음에 최악이 오더라도 감수하겠다.' 그런 생각이 있다면 싸워야 한다. 그리고 기왕 싸우겠다고 생각하면 이겨야 한다.

싸움에서 이기는 일은 결코 쉽지 않다. 회사에서 싸

우는 대상은 보통 상사이거나 회사 자체인데, 압도적으로 불리한 상황이다. 명령을 따르지 않으면 불이익이 따를 것이고, 심한 경우에 해고의 사유가 될 수도 있다. 주어지는 업무를 수행하면서 싸운다는 것도 부담이다. 자칫하면 일 자체를 소홀히 하거나 망칠 수도 있다.

우선 현실을 정확하게 파악해야 한다. 싸운다면 무엇과 싸워야 하는가? 앞서 말한 것처럼 상사의 평소 인성이나 태도 등을 문제 삼는 것은 위험하다. '늘 화가 나 있어서 대화가 제대로 되지 않는다.' '비꼬거나 조롱하는 말을 많이 써서 인격적으로 모독을 느낀다'고 말하는 것, 또는 그런 상황들을 모두 녹음한다고 해도 결정적인 사안이 되기는 힘들다. 이렇게 이해될 수도 있다. '(일적으론 문제없는데) 말이 좀 거칠고 배려가 없다' 정도로. 해결도 '미안하다. 앞으로 조심하겠다' 정도로 끝나는 게 보통이다. 그리고 공식적으로 사과를 하고 나면 상사는 오히려 감정이 상해서 직접 하는 말이나 태도는 조심하지만 교묘하게 문제를 제

1화뿐일지 몰라도 아직 끝은 아니야

기한 사람을 더 심하게 괴롭힐 수 있다.

상사의 문제점을 알리고 싶다면 철저하게 업무에 관련된 것을 짚고 넘어가야 한다. 업무 분담을 할 때 터무니없이 한쪽에 일이 몰리거나, 하청을 줄 때 비리가 있다거나, 전혀 상관없는 부서에 중요한 일을 맡긴다거나, 잘못된 결정을 해서 사고가 터졌고 결과적으로 예산을 낭비하는 결과가 되었거나 등등 구체적으로 업무에서 심각한 문제를 일으켰다는 것을 고발해야 한다.

그런데 이런 경우도 부정부패의 문제점을 제기할 수 없다면 쉽지 않다. 잘못된 정책 선택이나 방법을 문제 삼기는 힘들다.

그러니까 사실, 회사에서 개인이 상사, 또는 회사와 싸운다는 것은 쉽지 않다. 제일 좋은 것은 뜻이 맞는 사람들과 공적인 자리를 만들어 구체적으로 문제를 제기하는 것이다.

그럼에도 불구하고 싸워야 한다면, 그렇게 생각한다면 치밀하게 준비해야 한다. 첫째, 자신이 싸울 생각이 있다는 것을 최대한 비밀로 해야 한다. 전적으로 신뢰하는 사람이 아니라면 절대 말하지 말아야 한다. 내가 싸움을 준비하고 있다는 사실이 알려지는 순간 모든 것이 불리해진다.

둘째, 하나둘 끈질기게 팩트를 모아야 한다. 적이라고 생각하는 상대(또는 회사)의 부정과 비리가 개입되어 있는 모든 정보를 찾아야 한다. 최대한 많은 팩트를 모아야 한다. 팩트에는 다양한 증언도 포함된다. 상대의 비리에 대해 알고 있는 동료, 상사들과 많은 이야기와 신랄한 농담을 주고받으며 녹음을 해두는 것도 방법이다.

보통 회사에서 가장 많은 비밀을 알고 있는 부서는 경리, 회계다. 비자금을 만들고, 비용 일부를 빼돌리거나 하는 부정을 저지르는 회사는 꽤 많다. 장부를 조작하거나 하려면 회계 부서의 누군가가 반드시 개입되어야 한다. 그런 이들을 보통 심복이라고 부르는데, 은밀한 정보를 가지고 있는 심복이 다른 주머니를 차는 경우도 있다. 비자금의 비자금을 만든다고나 할까. 설사 그것을 적발했다고 해도 회사는 경찰에 고발하지 않고 조용히 내보내곤 한다. 경찰에 보냈다가 이전의 부정까지 같이 폭로할 수 있으니까. 그러니까 정보는 그만큼 중요하다는 것이다.

내부고발자가 감당해야 할 것은 많다. 회사 내에서 폭로를 하고 싸운다 해도, 회사에 오래 남아 있기 힘들다. 한동안은 경영진의 감시 또는 테스트의 시선을 받을 것이고, 동료들도 고운 눈으로 보지 않을 수 있다. 한국은 특히 내부고발자를 집단, 조직에 반항하거나 적응하지 못하는 사람으로 취급하는 경향이 강한데, 부정이나 문제점을 고발하는 것 자체는 좋지만 고발하는 사람은 문제가 있다고 보는 어불성설의 시각이 다수이기 때문이다. 즉, 아직까지 한국사회에서 고발을 하는 것은 결국 나도 피해를 입는 것이다.

내부에서 문제점을 지적하고, 폭로하면서 싸웠을 때 승리하기는 아주 어렵다. 이기지 못하는 싸움은 되도록 피하는 것이 좋지만 그럼에도 싸워야 한다면? 가장 중요한 건 내가 왜 싸워야만 하는지 이유를 명확하게 찾는 것이다. 문제점을 지적해 개선을 하고 싶은 것인지, 감정적으로 너무 힘들어서, 일단은 뭐가 문제인지 알리는 것만이라도 하고 싶은 것인지. 또는 너무 나쁜 놈이 있어서, 그에게 뭔가 타격을 입히고 싶은 것인지. 이유는 다양할 수 있다. 일단 이유를 찾고, 자신이 무엇을 할 수 있는지 따져본다. 그리고 어디까지 할 수 있을지 생각해본다.

사실 사기업의 문제를 폭로하기는 매우 어렵다. 범죄라고 할 수 있는 부정, 부패를 일개 사원이 증명하기가 거의 불가능이다. 그에 비해 공적 조직이나 공공기관은 전체적인 운영의 문제점이나 편향된 인사와 예산 등을 지적하는 것도 가능하다. 공공기관은 국민의 세금으로 운영되는 것이기에 그만큼 지켜야 할 기준들이 많이 있다. 그리고 공공의 이익을 위해 대중이 알아야 할 필요가 있기에 많은 경우 명예훼손에도 포함되지 않는다.

고발을 했을 때, 나의 목표는 무엇인가. 만약 많은 사람에게 문제점을 알리는 것 자체가 목적이라면 언

론을 활용하는 것이 좋다. 개선이 필요하다면 시민사
회단체 등을 끌어들여 공론화하는 게 필요하다.

되도록 싸우지 않는 것이 가장 좋지만, 도망친다는
생각이 들어 견딜 수 없다면 싸워보는 것도 마지막 수
단이다. 목표를 낮게 잡고, 내가 할 수 있는 만큼 타격
을 입히고 물러서는 것. 구체적이고 실현 가능한 전략
을 세워서 움직이면 최소한의 목적은 이룰 수 있다.

퇴근하고 나서 회사가 남긴 찌꺼기 같은 감정,
회사에 대한 생각이 하나도 안 남는 직장이라면
나는 영원히 다닐 수 있을 것 같다.

월급 안 주는 회사에 제대로
한 방 먹인 썰

> 복수는 무의미한 비생산적인 행위라고
> 말하는 사람도 있지만, 복수를 하지
> 않으면 앞으로 나아갈 수 없는 사람이
> 있다는 것도 사실이다.〈원한해결사무소〉

영화잡지를 만드는 작은 회사에 들어간 적이 있다. 격주간지였는데 나름 시작은 좋았다. 영화잡지로는 월간지인 〈스크린〉과 〈로드쇼〉밖에 없을 때였으니까.

야심차게 시작했지만 잘 팔리지 않았다. 광고도 별로 없었다. 광고가 들어오지 않은 이유는 책이 잘 팔리지 않아서. 다른 이유도 있었다. 당시 기업 광고를 집행하는 에이전시에는 잡지 분야가 몇 개 없었다. 시사지. 여성지, 청소년지, 아동지 등이 전부. 문화지라는 건 아예 존재하지도 않았다. 〈스크린〉과 〈로드쇼〉

도 청소년지로 분류되어 있었다. 즉, 새롭게 창간한 영화지는 광고 시장을 새로 개척해야 하는 것이었다. 잘 팔리기라도 했으면 약간 수월했겠지만 판매도 좋지 않았다. 고전했다.

3개월을 아등바등 만들었는데 월급이 밀리기 시작했다. 회사는 어쩌고저쩌고 하면서 일부 지급하고 또 밀리기를 반복했다. 6개월이 되기 전에 편집장이 그만뒀다. 새로운 편집장이 왔지만 월급은 여전히 밀리고 있었다. 결국 창간부터 일했던 기자 두 명과 함께 그만뒀다. 밀린 월급을 달라고 했지만 계속 변명만 늘어놓았다.

사실, 회사는 잡지만 만드는 곳이 아니었다. 다른 사업을 하고 있었는데 그 사업도 조금씩 내리막길이었다. 그러다 보니 월급이 두어 달 밀리는 경우가 다반사였다. 보통 월급이 석 달 정도 밀리기 시작하면 더 이상 버티기 힘든 지경이 되는데, 이땐 이직할 다른 회사를 찾아보는 수밖에 없다. 그렇게 새로운 직장을 구한 직원들이 하나둘 빠져나가면 다시 새로운 직

1화뿐일지 몰라도 아직 끝은 아니야

원을 뽑고, 한두 달 월급을 주다가 다시 밀리기 시작하고. 그러면 또 그만두고.

그 당시 회사는 그렇게 직원들이 물레방아 돌 듯이 회전하고 빠져나가며 새로운 직원으로 채워졌다. 그래도 계속 있는 직원은 있었는데, 모르겠다. 월급을 안 받아도 버틸 수 있었던 것인지, 아니면 사장에게 충성을 바치는 핵심 직원이었던 것인지.

정말로 돈이 없어서 못 준다면, 그러니까 회사가 망할 지경이라면 그냥 포기할 수도 있었다. 하지만 운영비라든가 하는 명목으로 누군가에게는 월급이나 비용을 지급했다. 그리고 직원 돌려막기를 계속했다. 돈이 없어서가 아니라, 월급이 우선순위가 아니었을 뿐이었다.

사장이 너무나 괘씸했다. 밀린 월급을 달라고 하소연만 할 수는 없었다. 안 줄 것이 뻔했으니까. 같이 그만둔 기자들과 함께 노동청에 가서 신고를 했다. 그러면 노동청에서 회사에 연락이 가고 지급을 권고한다. 만약 회사가 거부하면 세무조사를 받게 된다. 정말 경영상태가 최악이어서 월급을 줄 수 없는 건지 조사하는 것이다. 월급은 다른 비용을 다 쓰고 나서 주는 것이 아니라 최우선으로 지급되어야 하는 것이 원칙이다.

노동청에 신고를 하자 회사에서 연락이 왔다. 일단 만나서 밀린 월급을 지급하겠다는 것이었다. 직접 만나자 이야기가 약간 바뀌었다. '지금은 정말 힘들다. 밀린 월급 중에서 절반을 주고, 나머지는 두 달 뒤에 지급하겠다'며 각서를 써주겠다고 했다. 모두 동의하고 각서를 받았다. 그리고 일단 절반만 받고 기다렸다. 그러나 두 달 뒤, 회사는 다시 돈이 없다고 우겼다.

회사가 뻗댄 이유가 있었다. 이미 노동청에 신고를 했기 때문에 다시 하는 게 소용없음을 안 것이다. 회사는 밀린 월급을 지급하고 우리와 합의한 것으로 노동청에 보고했다. 그러니까 회사는 어떻게든 돈을 적게 지급하려고 치사한 수법을 썼다.

방법은 있었다. 각서를 받았기 때문에 법원에 소송할 수 있다. 그만둔 두 명의 기자와 이야기를 했다. 둘 다 약간 망설이고 있었다. 법원에 신고를 하고, 그래

1화뿐일지 몰라도 아직 끝은 아니야

도 안 주면 소송을 거쳐야 하는데 너무 번거로웠던 것이다. 그래서 내가 알아서 다 처리하겠다고 하고, 소송 등에 필요한 비용도 다 내가 내고, 법원에 가서 필요한 것도 모두 처리하겠다고 했다.

나라고 귀찮지 않을 리 없었다. 번거롭고 치사해서 그냥 돌아서고 싶은 마음도 있었다. 하지만 뭔가 보여주고 싶었다. 회사는 어떻게든 번거롭고 치사한 방법을 써서, 그만둔 직원들이 결국 밀린 임금을 포기하게끔 만들려는 게 괘씸했다. 나는 가장 야비한 방법으로 사람들을 착취하는 회사가 싫었다. 그 이유가 나를 끝까지 가게 만든 화력이 되었다. 내가 피해를 입어도, 내가 손해를 보더라도 그들에게 뭔가 복수를 하고 싶었다.

법원에 갔다. 지급각서를 이행하지 않으면 어떻게 해야 하는지 자문을 받고, 법무사에게 가서 서류를 작성하고, 신고를 했다. 결과는 집행관과 함께 가서 노란 딱지를 붙이는 것이었다. 빨간 딱지는 압류를 하는 것이고, 노란 딱지는 소송이 끝나기 전까지 회사의 자산이 처분되는 것을 막는 것이다. 신고를 끝내고, 일정을 받았다.

아침 일찍 집행관을 만나 함께 회사로 갔다. 정장을 입은 사람들과 함께 사무실에 들어서자 모든 직원들이 의아한 표정으로 지켜봤다. 집행관들이 사장에게 서류를 보여주고, 노란 딱지를 회사 물건에 붙이기 시작했다. 책상, 캐비닛, 책장, 컴퓨터 등등. 나는 사무실 곳곳에 노란 딱지가 붙는 광경을 무표정하게 지켜보았다. 회사에 있는 모든 직원들도 그 모습을 보고 있었다. 사장은 얼굴이 붉으락푸르락하더니 나를 보고 "너 이 XX, 두고 보자"라고 소리를 질렀다.

속이 시원했다. 딱지를 붙이고 난 다음 날 전화가 왔다. 밀린 월급을 다 주겠다는 것이었다. 그냥 통장으로 보내라고 했더니, 굳이 오라고 했다. 다음 날 회사에 가서 영수증에 사인을 하고 돈을 받는데, 이젠 다 받았으니 법원에 가서 신고를 취하해달라고 했다. 알았다고 했지만, 안 했다. 어차피 후속 조치는 없을 것이고, 내 시간과 에너지를 들여서 그걸 할 이유는 없었으니까.

이거저거 손익을 다 따지면 별것 없었다. 모든 비용을 내가 다 부담했다. 그 비용을 제하면 밀린 월급에서 얼마 남지 않았다. 법원 들락날락하고, 회사에 오간 시간과 에너지까지 따지면 오히려 손해라고도 할 수 있다. 하지만 나는 해야만 했다. 그리고 보여주고 싶었다. 해고를 하고 밀린 임금을 주지 않으면서 적당히 귀찮게 하면 대부분 더럽다고 피하지만, 이렇게 대응하는 이런 인간도 있다는 것을. 회사는 야비하게 돈을 계속 떼어먹으려 하지만, 어떻게든 받아내는 인간도 있다는 사실을.

물론 그런다고 세상이 바뀌지는 않는다. 회사와 사장의 생각이 바뀌지도 않는다. 그렇게 바뀔 인간이고, 세상이면 이미 수억 번은 바뀌었겠지. 하지만 그건 내 알 바가 아니다. 의무와 책임을 무시하는 그들에게 뭔가를 보여주는 것은 나에게 필요한 일이다. 그래야만 내가 마무리를 제대로 했다는 생각이 드니까. 그것을 더럽고 귀찮다고 피하면, 자기가 잘못했다는 것을 그들은 단 한 번도 생각하지 않을 것이다. 그들이 안하무인으로 그릇된 행동을 계속하면 어딘가에서 제동이 걸릴 수도 있다는 것을 전혀 염두에 두지 않을 것이고, 피해자는 계속 생겨날 테니까. 우리에겐 복수라는 상징적인 행위를 해야만 할 때가 있다.

1화뿐일지 몰라도 아직 끝은 아니야

나는 보여줘야만 했다. 해고를 하고 밀린
임금을 주지 않을 때 더럽다고 피하는 게
아니라 행동하는 사람도 있다는 것을.
안 주면 어떻게든 받아내는 인간도 있다는 것을.

복수의 온도

총을 쏴도 되는 건, 총에 맞을 각오가
되어 있는 자뿐이야.
〈코드 기어스:반역의 를르슈〉

복수 이야기를 좋아한다. 〈테이큰〉 이후 〈존 윅〉 〈이
퀄라이저〉로 이어지는 복수영화의 흐름은 '건드리면
끝'이라고 할 수 있다. 〈테이큰〉에서는 전 정부 비밀요
원의 딸을 납치했다가 인신매매조직이 박살나 버린
다. 〈존 윅〉에서는 전 킬러의 클래식 카에 탐을 낸 보
스의 아들 때문에 조직이 사라진다. 〈이퀄라이저〉도
같은 패턴이다. 평범하다고 생각했던, 건드려봐도 별
일 없을 것이라는 악당들의 오산 때문에 모든 것이 끝
장난다. 〈테이큰〉, 〈존 윅〉, 〈이퀄라이저〉는 주인공들

이 인정사정없이 악당들을 깔끔하게 부숴버려서 더욱 좋아한다.

되도록 싸움은 하지 않는 것이 좋지만 사회생활을 하다 보면 부딪쳐야 할 때가 있다. 상대가 공연한 싸움을 먼저 걸어오는 경우도 있고, 시비를 걸면서 해를 끼치는 경우도 있다. 가만히 지켜만 보면 너무나도 피해가 커진다. 무조건 받아주고, 손해를 봐가면서도 물러서기만 하는 것은 능사가 아니니까. 이해득실을 냉정하게 따져봐야 한다. 참으면서 너무나 억울하고 손해가 크다면 오히려 한 번 싸워서 도발을 중단할 필요도 있다.

〈킬 빌〉에는 이런 말이 나온다. "복수는 차가울 때 가장 맛있는 음식과 같다." 중국 고전 어디에 나오는 말 같지만 사실은 클링온의 속담이다. 클링온은 〈스타트렉〉에 나오는 전투종족인 외계인이다. 오로지 전투를 하는 것에 특화되어 있는 클링온 종족에게 전해진다는 (만들어낸) 속담. 차가울 때 맛있다는 의미는 식혀서 먹어야 한다는 의미다. 무엇을 식혀야 할까? 감정이다. 억울하게 당하거나 손해를 입었을 때는 당연히 화가 난다. 격분해서 마구 복수를 하러 나서면 반드시 역습을 당하거나 패한다. 공격을 당했을 때는 일단 감정을 가라앉히고 지극히 냉정하게 상황을 판단해야 한다. 나의 전력으로 과연 이길 수 있을지, 상대의 무엇을 얻어내야 승리라고 할 수 있을지, 상대의 취약점은 무엇일지. 모든 것을 합리적으로 판단해 최소의 공격으로 최대의 효과를 얻을 수 있는 전략을 짜야 한다. 차가운 복수만이 짜릿하게 스스로를 흥분시킬 수 있다.

반대로 말한다면 지는 싸움은 하지 말아야 한다. 상대가 너무 강하다면, 공격을 해도 뭔가를 얻어낼 수 없다면 억울해도 일단은 기다릴 수밖에 없다. 와신상담. 굴욕적이라도 일단 인내해야만 한다. 기다리면서 나의 힘을 기르고, 언젠가 복수할 것이라고 다짐하며 시간을 흘려보내야 한다.

그런데 주의할 것이 있다. 언젠가는 복수할 것이라며 항상 칼을 갈고 있으면 안 된다. 언젠가 나에게 힘이 생긴다면 복수할 것이라고 다짐을 한 후에 말끔하게 잊어버려야 한다. 그리고 원수를 외나무다리에서 만났을 때, 절호의 기회를 만났을 때 바로 베어야 한다. 원수를 갚겠다며 찾아 헤매고, 방법을 찾다가 에너지와 시간을 소모하면 결국 나의 일을 제대로 하지 못하게 된다. 복수에만 매달리다가 망하는 것이다. 무협소설에서도 복수에만 매달리다 초라하게 스러져가는 인물들이 여럿 나온다.

　차갑게, 차갑게 식혀야 한다. 스스로도 잊어버릴 수 있을 정도로. 그리고 복수할 수 있는 능력과 시간이 도래했을 때, 과감하게 베어버려야 한다.

나만 알고 있는 정보보다 중요한 것

> 성장하고 발전해나가고 싶다면, 지금
> 네가 하고 있는 것처럼 너 자신을 속여서
> 무엇인가를 하려들지 마라. 〈나루토〉

회사에는 일을 잘하는 사람도 있고 못하는 사람도 있다. 잘나가는 회사라면 일을 잘하는 사람의 비율이 높고, 그들이 승진도 잘 한다. 지지부진한 회사는 일을 안 하거나 못하는 사람들이 많을 뿐 아니라 상사에게 아첨해 승진도 빠르다. 일반적인 현상이다.

그런데 세상이란 것이 꼭 법칙이나 확률대로 움직이지는 않는다. 엉망인 회사에서 고군분투하는 이들은 너무 많으니 논외로 하자. 잘나가는 회사에서도 무능력하거나 꼼수를 부리는 자들이 중요한 자리를 맡

1화뿐일지 몰라도 아직 끝은 아니야

는 경우가 꽤 있다. 또한 애매한 경우도 있다. 실력이 없는 것은 아닌데 악랄하고 치사한 수법을 태연하게 쓰는 자들도 있다.

대놓고 악당인 인간과 착한 척 하면서 나쁜 짓 하는 인간 중에 누가 더 싫은가 물어보면, 나는 후자라고 답한다. 그런 이들이 꽤 있다. 악당인 게 분명하면 대처법도 평소에 마련하고, 늘 조심하면서 거리를 유지한다. 나쁜 짓을 해도 이미 그런 인간임을 알고 있으니 화가 나지만 넘어가버리는 경우가 많다. 내가 조심하지 않아 그런 것이라고 생각하기도 한다.

하지만, 겉으로는 미소를 짓는 이들이 사악한 짓을 하면 배신감 때문에 더 힘들다. 이미 나쁜 놈인 것을 뻔히 알고 있는데 공식 석상이나 후배들에게 정의로운 척, 다정한 척 떠들어대는 것을 보고 있으면 더 짜증이 난다. 유치하지만 어쩔 수 없다. 인간은 감정이 앞설 수밖에 없으니까.

아슬아슬한 경계에 있는 사람도 있다. 기자 하나가 있었다. 취재원을 만나 이야기를 끌어내고, 전체적인 상황을 분석하고 풀어서 기사로 만들어내는 능력이 뛰어났다. 누구나 인정했다. 그런데 야심이 있었다. 인물과 사건을 취재하고 분석 기사나 르포를 쓰는 것이 아니라 이슈를 만들어내거나 한 인물을 파고드는 심층 기사 같은 것을 쓰고 싶어 했다.

그런 야심이 나쁘다고 할 수는 없다. 하지만 그 부분에는 재능이 부족했다. 전체를 파고드는 통찰 같은 것이 부족했다. 어떤 인물이나 현상에 대해 주장하거나 논리를 만들어내면 늘 이해하기 힘들었고 오리무중으로 빠졌다. 무슨 말을 하려는지 알 수 없는 경우도 있었고, 전혀 수긍할 수 없는 주장도 있었다. 그런데도 계속해서 심층 기사를 쓰고 싶어 했다. 한편 자신이 알고 있는 정보나 취재원에 대해 공유하는 것을 극도로 꺼렸다. 다른 기자가 알거나 친해지면 기사거리를 빼앗길 수 있다고 생각했을 것이다. 아니면 그저 치졸한 성격이었거나.

한 번은, 그가 어떤 장르영화에 대한 기사를 준비한다는 사실을 알게 되었다. 다른 기자를 통해서도 들었고, 밖에서도 들었다. 보통은 한 기자가 어떤 기사를 준비하고 있으면 다른 기자들에게도 물어보는 것이 당연하다. 새로운 정보나 취재원을 알고 있을 수도 있고, 대화를 통해서 방향성이나 콘셉트 등을 수정하거나 조정하는 경우도 많다. 이미 누군가 준비하고 있는 기사를 채가는 짓은 거의 하지 않는다. 한 매체 안에서 그런다는 것은 사실상 불가능하다. 편집장이 이미 각각의 기자들이 무엇을 준비하고 있는지 대략 알고 있고, 기자들 사이에서 분쟁이 생기면 합리적으로 조정하니까. 보통은 먼저 시작한 사람에게 우선권이 있다.

기사를 준비하는 과정에서, 그는 나에게 아무것도 물어보지 않았다. 내가 그 장르에 대해 나름 전문성이 있다는 것을 알면서도 전혀 하지 않았다. 어떻게 취재할 것인지 정하고, 취재 일정까지 어느 정도 잡아서 편집장에서 보고한 후, 나에게 이러저런 것들을 물어봤다. 이미 전체 틀이 정해지고, 어떤 회사와 누구를 인터뷰할 것인지 모두 정한 마당에 딱히 이야기할 것은 많지 않다. 추가한다면 어떤 것 정도가 있을 것 같다고 답했다.

기사를 준비하던 초기 단계에서 그가 물어왔다면 내가 아는 정도로는 답해줬을 것이다. 말해주지 않을 이유는 하나도 없었다. 특종 기사를 연이어 쓴다고 기자에 대한 평가가 확 달라진다거나 하는 시스템이 아니니까. 또 그게 딱히 특종이 될 리도 없었다. 매체를 같이 만드는 입장에서, 좋은 기사가 나오면 전체에게 좋은 것이다. 그러니까 기꺼이 돕는다.

이전부터 그의 성향에 대해서는 알고 있었다. 사교적이고 벽 없이 잘 어울리는 것 같지만 자신의 영역 안에 있는 것을 절대 공유하지 않는 것. 자기 것만을 지키려는 태도는 하나의 매체를 같이 만들 때 독이 된다. 하나의 매체에 소속된 기자들은 정보를 주고받으면서 사고를 확장하고, 새로운 트렌드와 이슈에 대해서 다양한 의견을 모을 수 있다. 기자는 자신의 기사로 승부하지만 매체에 속한 기자는 결코 혼자 모든 것을 다할 수 없다. 서로 도울 수밖에 없고, 서로 의지하면서 매체를 끌어간다.

1화뿐일지 몰라도 아직 끝은 아니야

그 후로는 그와 별로 이야기하지 않았다. 아니다. 그가 말을 걸어오면 내가 아는 한 답은 했다. 정보를 다 알려준 이유는 있었다. 내가 가지고 있는 정보가 그렇게 중요한 것이 아니라고 생각하니까. 내가 알고 있으면 또 다른 누군가가 이미 알고 있을 테니까. 영화나 소설을 보면, 중년 밴드, 고독한 킬러의 복수, 동물과의 커뮤니케이션 등등 동일한 시기에 비슷한 내용이나 주제의 작품들이 동시에 만들어진다. 즉, 나만 알고 있는, 나만의 독창적인 무엇인가는 여간해서 없다. 그건 천재의 영역이다. 그러나 천재는 거의 없다. 천재가 아니라면? 결국은 실행력이다.

그런 생각을 하면서 내가 알고 있는 것, 아이디어 같은 것들을 주변에도 다 이야기하기 시작했다. 내가 아이디어가 있다고 해도 그걸 실행하지 못하면 꽝이니까. 내가 못할 바에야 다른 누군가가 듣고 혹은 알고 실행하면 그것으로 좋으니까. 실행하지 못하는 아이디어는 없는 것이나 마찬가지다. 내가 그에게 어떤 정보를 줘서 특종이나 사람들의 이목을 끄는 기사를 쓴다면 그것 역시 그의 능력이다. 안 쓴, 하지 않은 내가 멍청한 것이고 능력이 없는 것이지.

어차피 그는 기자로서 잘 나가지 못했다. 자기 것만 챙기고, 남의 정보만 탐하는 것으로는 좋은 기사를 쓰지 못한다. 그러니 보통의 정보 같은 것은 줘도 좋다. 숟가락을 얹겠다면 그러라고 해도 좋다. 대신 명확하게 각자가 한 일, 각자의 공헌에 대해 밝히면 된다. 필요한 것은 정보가 아니라 내가 할 수 있는 일이다. 내가 무엇을 실행하여 성과를 얻어낼 수 있는가. 그것이 제일 중요하다.

은근하게 원하는 것을 얻는 방법

> 인생이란 갖가지 재미들이 섞여 있는
> 환상 그 자체라고! 억지로 쓸고 닦고
> 청소하는 건 인생이 아니야!
> 재미없단 말이야! 〈스폰지밥〉

불만을 먼저 이야기하는 사람이 지는 게임이 있다. 보통 그렇다. 불만이 있어도 가만히 있으면서, 누군가가 먼저 나서서 싸우다가 패퇴하는 틈을 타 슬며시 이익을 챙긴다. 반면 조직이나 회사의 불합리한 면을 공개적으로 고발하거나 문제제기를 하면 대체로 당사자는 불이익을 당한다. 그런 일이 있은 후, 회사나 조직은 또다시 불만을 가진 사람이 나올 걸 대비해 조금은 좋은 방향으로 개선한다. 그렇게 조직은 앞으로 나아간다. 개인은 뒤로 가거나 추락할지라도.

불이익을 받게 될 것 때문에 아무 말 안 하는 것은 사실 너무 억울하다. 그렇다고 누구나 앞에 나설 수 있는 것도 아니다. 개인마다 차이는 있다. 부당한 상황 자체를 도저히 그냥 내버려둘 수 없어 나서는 이도 있고, 묵묵하게 끝까지 시키는 대로 하는 사람도 있다. 문제제기를 하는 것은 반드시 필요하지만 개인의 영역으로 들어가면 간단한 문제는 아니다. 당장의 월급이 절체절명인 사람들도 있으니까. 개인의 욕망이 가장 중요할 수도 있으니까.

하지만 다른 방법이 있을 수도 있다. 정면으로 부딪치는 것이 아니라 은근히 공격을 하는 것. 불만을 직접적으로 말하는 것이 아니라 다른 문제를 제기하며 비껴가는 것. 조직은 상급자의 지시대로 움직일 수밖에 없다. 절대적으로 명령을 지켜야 한다는 법도, 원칙도 없지만 회사나 조직에 소속되어 있는 한 그럴 수밖에 없다. 그럴 때 쓸 수 있는 방법이 방향을 어긋나게 하며 원하는 것을 얻는 것이다. 억지로 쓸고 닦고 청소하는 것만으로 일을 하는 것은 너무 재미없고 억

1화뿐일지 몰라도 아직 끝은 아니야

울하니까 뭔가 딴지를 걸어보며 재미있는 것을 찾는 것이다.

능력이 대단히 뛰어나고 카리스마가 있지만 직원들을 엄청 힘들게 몰아치고, 휘어잡는 상사가 있었다. 회의할 때 누구도 여간해서는 반대 의견을 내지 못했다. 확실한 이유나 증거 없이 반대했다가는 본전도 찾지 못했다. 해야만 하는 이유건, 하지 말아야 하는 이유건 명백한 논리로 상대해야만 했다. 하지만 무엇인가를 하거나 하지 않는 일에 명백한 이유라는 것은 거의 존재하지 않는다.

이를테면 어떤 영화가 있다. 영화에 대한 기획 기사를 쓰는 방향에는 수많은 길이 있다. 감독의 필모그래피를 짚을 수도 있고, 지금 세상과의 연결고리를 파고들 수도 있다. 배우나 배경 사건만을 이야기할 수도 있다. 절대적인 옳고 그름의 세계가 아니다. 이런 경우 카리스마는 중요하다. 타인을 압도하는 능력이 있으면 자신의 뜻대로 모든 것을 이끌어갈 수 있으니까. 그는 그런 류의 상사였다. 원하는 기사를 기자에게 던지고, 반드시 쓰게 했다. 나는 상사에게 별다른 불만이 없었다. 그의 능력은 사실 뛰어났다. 이슈를 잡아내는 능력부터 어떻게 확장시킬 것인가까지. 그의 모든 것을 인정하는 것은 아니지만 하여튼 편집장으로서의 능력은 최상급이었다.

그래도 할 말은 해야지. 한 번은, 그가 회의 시간에 야유회를 가자고 기자들에게 말했다. 콕 찍어서 등산을 가자고 했다. 금요일까지 마감을 하고 휴일에 가는 야유회라 다들 싫어하는 기색이 역력했지만 그 누구도 섣불리 반대의 말을 던지지 않았다. 침묵이 이어졌다. 나는 등산이 싫었다. 심하게 말하자면, 어차피 내려올 산을 왜 그리 힘들게 올라가는지 이해할 수 없었다. 지금 생각하면 어이없는 단견이지만 하여튼 그때는 너무 싫었다. 주마다 마감에 지쳐서 주말에는 거의 뻗어 자는 게 일이었던 시절이다.

그래서 말했다. "등산 말고 동물원을 가죠. 등산은 너무 힘들어요. 마감 끝내고 도저히 등산할 힘이 없어요. 동물원에 가면 등산만큼 힘들지도 않고, 천천히

1화뿐일지 몰라도 아직 끝은 아니야

걸으면서 동물도 구경하고 앉아서 쉴 수도 있고, 좋잖아요. 친목이 목적이라면 일렬로 서서 걸어가야 하는 등산보다 걸으면서 대화도 하고, 수시로 모일 수 있는 동물원이 좋지 않나요?" 그러자 다들 동물원이 좋다고 거들기 시작했다. 등산을 가지 말자고 하면 야유회 자체를 반대하는 의미로 보이지만 동물원으로 바꾸는 것은 자체를 반대하는 것이 아니라 무리가 없어 보이니까. 결국 동의를 끌어냈다.

누군가 A를 이야기할 때 그것을 반대하면 논쟁이 시작된다. 그러나 A를 인정하면서 A+나 A'를 하자고 하면 대화가 시작된다. 직접적인 반대가 아니라 전체적인 것에 동의하면서 약간의 방법론에 변화를 주자는 것이니까.

결론적으로 동물원에는 가지 않았다. 과천 동물원에 들어가려다가 즉석에서 서울랜드로 가자고 의견을 모았다. 나는 그것도 좋았다. 동물을 보는 것도 좋아하고, 롤러코스터를 포함한 탈것들도 아주 좋아하니까. 그리고 모두 만족했다. 누군가는 등산을 가지 않은 것으로 만족했고, 누군가는 야유회를 간 것으로 만족했다. 서로 조금씩 양보하면서 합의를 이루었다.

협상은 결코 내 의사나 요구를 관철시키는 것만으로 성사되지 않는다. 일방의 모든 요구를 관철시키는 것은 항복 선언이나 혁명으로 가능하다. 협상은 서로 조금씩 양보하고, 서로 조금씩 이익을 가져가는 것이다. 내 요구는 100이지만 50으로 줄였으니까 받아들여야 해. 이런 생각은 문제가 있다. 상대는 하나도 줄 생각이 없는데 왜 50을 줘야 하냐고 반대할 수 있으니까. 협상을 한다면 상대의 이익은 무엇일까 고민해야 한다. 내가 상대에게 줄 수 있는 것이 무엇인지 사고하고, 그럴듯하게 제시해야 한다. 단지 물질이 아니라 명예나 명분도 충분히 가능하다.

이미 권력이나 힘, 물질을 가진 이들은 그냥 내놓지 않는다. 치열하게 싸워서 빼앗거나, 그들이 조금 물러설 수 있는 그럴듯한 명분을 줘야 한다. 이것은 나의 권리니까 당연히 줘야 한다는 논리는 통하지 않는다. 위계관계가 확실한 직장에서는 더욱 그럴 수밖에 없

1화뿐일지 몰라도 아직 끝은 아니야

다. 상사가 가진 권한이나 이익을 조정하거나 뺏는 것은 결코 쉽지 않다. 그러니까 그들에게도 무엇인가를 줘야 한다. 그들이 만족하고, 나에게 치명적이지 않은 무엇인가를. 그게 협상이고, 협상은 회사생활의 기본 능력이다.

조직에서 비주류로 성공할 수 있을까?

> 개성을 살리면서 남들과 다른 삶을 살
> 수 있다,라고 생각하면 큰 착각이다.
> 사회란 그런 시스템이 아니니까. …
> <꼴찌, 동경대 가다!>

오래전, 한 회사에서 한동안 새로운 매체를 기획하는 일을 했다. 어떤 잡지를 만들어야 팔릴까? 대중이 좋아할까? 이런 생각들을 하면서 시장을 분석하고, 대중이 선호하는 것을 찾아보고, 해외 잡지의 경향을 분석하며 기획을 했다. 어느 정도 데이터가 쌓이고 방향이 잡히면 기획안을 만들었다. 타깃 독자가 누구인지, 어떤 콘셉트인지 조금씩 틀을 잡으면서 강점과 약점을 찾아보고, 마케팅 방법까지 고민하며 작성했다.

1년 넘게 매체 기획을 하면서 네다섯 개 정도의 기

획안을 만들었다. 기획안을 만들면 보통은 팀장 회의에서 제안을 한다. 그러면 각자 의견을 내고, 토론을 하고, 회사 대표가 정리를 한다. 기획안을 내면 보통은 부정적인 의견이 많이 나온다. 독자가 과연 얼마나 될까요? 광고가 잘 안 들어올 것 같은데요. 시장이 너무 작아요 등등. 기획안을 냈을 때 두 번째까지 거의 비슷한 의견이 나왔고 매번 엎었다. 시장이 없다, 작다 등등. 세 번째 기획안을 냈을 때도 마찬가지였다.

계속 부정적인 이야기를 들으면서 나도 부정적이 되었다. 기획에 대해 부정적인 것이 아니라, 팀장 회의에서 기획안을 이야기한다는 방식 자체에.

새로운 것을 기획하거나 사업을 제안할 때 누구나 동의할 만한 블루 오션을 제시하기란 쉽지 않다. 당시 잡지 시장은 그 자체로 거대한 레드 오션이었다. 우리가 사는 세상은 이미 너무나도 많은 것들이 존재한다. 콘텐츠를 만들 때도 마찬가지다. 어디서 본 이야기인데? 어떤 작품하고 비슷한데? 등등. 누구나 처음 듣는 새로운 이야기라는 것은 세상에 없다. 그리스로마 신화와 셰익스피어의 작품에서 캐릭터와 스토리의 모든 유형이 몽땅 제시되었다고 할 수 있다. 그럼에도 새로운 것은 있다. 기존에 있는 것을 비틀고, 변주하고, 독특한 시각으로 재구성할 때.

부정적인 의견을 내는 것은 쉽다. 게다가 회사라는 조직에 속해 있으면, 아무것도 안 하면서 새로운 것에 딴지를 거는 태도가 훨씬 유리하다.

열심히 일을 하면 뭔가 새로운 것을 제안하게 된다. 현재 있는 시스템을 개선한다든가, 기존 사업의 방향을 조금 바꾼다든가, 아예 새로운 사업을 제안한다든가 등등. 문제점이 보이고, 새로운 가능성이 보이니까 제안을 한다. 그러면 새로운 일을 떠맡게 된다. 새로운 시도를 하게 되면 성공보다 실패가 더 많을 수밖에 없지만 (새로운 것의 성공 확률은 잘 봐야 30% 이하다) 실패하고, 실패하고, 또 실패하면서 조금씩 수정하고 다시 도전하면서 뭔가를 비로소 이루게 된다.

그러나 회사는 대부분 실적으로만 따지는 경우가 많다. 새로운 시도를 하면서 실패하면 인사고과 등에서 낮은 점수를 받는다. 성공을 하면 확 올라갈 수 있지만 실패를 두어 번 하면 바닥으로 점점 내려간다.

그럼 가만히 있으면 어떨까? 아무것도 안 하면 실패도 안 하기 때문에 제자리에 있거나, 하여튼 오래 회사에 있게 되면서 승진할 가능성이 크다. 잘못한 것이 없다고 평가되기 때문이다. 이런 유형은 누군가 새로운 일을 시도하면 일단 부정하고 비판한다. 만약 그 일이 실패하면, 상황을 잘 분석하고 미래를 예측했다는 평가를 받는다. 만약 성공하면? 다들 성공에 도취하기 때문에 부정적인 말을 했던 게 누구인지 기억하지 못한다. 그러니까 (혁신하는 몇몇 소수의 회사가 아니라면) 회사에서 승진하려면 아무것도 안 하고, 새로운 일을 하는 사람을 신중한 척 언제나 비판하면 된다. 이러한 메커니즘을 극단적으로 정리해보자.

경우 1

일을 제대로 수행하지 못한다

일을 못하니까 회사도 어려운 일을 시키지 않는다

빚은 안 나지만 특별히 눈 밖에 나는 일도 없어
오래 자리를 지킨다

경우 2

일을 성공적으로 마무리한다

일을 잘하니 회사는 새로운 것을 계속 시킨다

새로운 것은 위험도가 높기 때문에
실패하는 경우도 많다

실패하면 좌천된다

1화뿐일지 몰라도 아직 끝은 아니야

누군가를 승진시켜야 할 때, 일을 못해서 쉬운 자리에 가 있다는 것을 잊어버리고 혹은 무시하고, 꾸준하게 사고 없이 일을 잘해온 사람으로 평가하여 올린다. (사실 이런 사람이 대다수다.) 일을 잘하는 사람은 그런 처사에 낙심 혹은 분노하며 회사를 그만둔다. 회사는 점점 일을 못하는 사람들만 남게 된다.

그렇다면 혁신 없는 회사에서 일 잘하는 사람들은 결국 그만둬야만 하는 걸까? 어떤 회사들은 나오는 게 훨씬 좋을 수도 있다. 하지만 회사는 당장의 인정을 위해서만 다니는 곳은 아니다. 안정적으로 월급을 받으면서 일하는 것도 중요하다. 그렇다면 회사의 룰을 어느 정도 따라가야 한다. 룰을 전혀 지키지 않으면서 회사생활을 한다는 것은 사주의 자식이 아니면 불가능하다.

알렉사 클레이, 키라 마야 필립스가 쓴 《또라이들의 시대》에는 "조직 내에서 비주류로 성공하려면, 고도의 기술이 필요합니다. 사내정치를 활용할 줄 알아야 합니다"라는 말이 나온다. "기존 제도와 관습, 직종에 얽매이지 않고 당당하게 자신을 드러내며 새로운 아이디어를 과감하게 실행하는 사람"이 회사에 남으려면 반드시 기억해야 할 말이다. 회사의 룰을 따라가면서 필요한 것을 얻어내고, 자신이 결정권자가 되었을 때 게임 체인저가 되어 고루한 룰을 바꾸는 전략. 물론 쉽지 않고, 보수적이며 완고한 조직에서는 참 요원한 일이지만, 그럼에도 중요하다. 현실의 만만치 않음을 인정하고 실현 가능한 전략을 세우는 것. 때를 기다려 실행하는 것. <꼴찌, 동경대 가다!>에도 그런 말이 나온다.

"개성을 살리면서 남들과 다른 삶을 살 수 있다,고 생각하면 큰 착각이다. 사회란 그런 시스템이 아니니까. … 사회는 룰이 있고, 그 안에서 살 수밖에 없다. 그건 똑똑한 놈들이 지 멋대로 만들고 있다. 똑똑한 놈들은 속지 않고, 이익을 보며 승리한다. 바보는 속으면서 손해보고 진다. 룰이 마음에 들지 않으면 스스로 룰을 만드는 사람이 되어라."

인정받는 것도,
받지 않는 것도 선택이다

남들이 인정해주든 주지 않든 그런 것은
뭐 상관없어. 결국 중요한 것은 내가
누굴 향해 노래를 부르면 기분이 좋은가
하는 것이었어. 〈불가사의한 소년〉

사회생활을 한다는 것은 결국 누군가에게 인정을
받는다는 의미다. 회사에서 일을 한다면 승진을 하기
위해서 상사의 인정을 받아야 한다. 회사에 들어갈 때
에는 이력서와 면접 등을 통해서 인정을 받는다. 이
정도의 학력과 이력과 경험이라면 자신들의 회사에
도움이 될 것이라고 판단하는 것이다.

프리랜서나 자영업도 마찬가지다. 누군가에게 일
을 받을 수 있는 것은 그들이 나름대로 인정하기 때문
이다. 이 사람에게 일을 맡기면 원하는 결과물이 나올

것이라고 믿기 때문에 일을 준다. 자영업은 손님, 고객에게 인정을 받는다. 가게에서 파는 물건이 질이 낮거나, 음식과 음료가 맛이 없다면 다시 오지 않을 테니까.

왜 나를 인정하지 않는가,라고 울부짖어도 사회에서는 소용없다. 나의 실력, 재능은 충분하고 일만 주면 얼마든지 해낼 수 있는데 나의 진가를 알아보지 못한다고 주장할 수도 있다. 가능하다. 그럴 수 있다. 아직까지 당신의 뛰어난 실력을 제대로 알지 못하기 때문에 무시하는 것일 수 있다.

그렇다면 방법은 하나다. 당신의 실력을 보여줘야 한다. 어떻게? 성과를 보여줄 테니 일단 나를 써달라고 하는 것은 무리다. 회사를 운영하거나 프로젝트를 하기 위해서는 비용이 들어간다. 일을 할 때 리스크를 최소로 줄이는 것은 당연한 수순이다. 아직 검증되지 못한 사람에게 일을 맡길 수는 없다. 그들이 당신을 인정할 수 있는 무엇인가, 구체적이고 검증된 커리어가 필요하다.

매체에서 일을 하면 늘 필자가 궁하다. 세상에 글을 쓰는 사람이 얼마나 많은데 필자가 없다고? 맞다. 필자는 많은데, 인기 좋은 필자는 언제나 바쁘고 필요한 필자는 잘 보이지 않는다. 인기 필자는 1등 매체나 고료를 많이 주는 곳에만 주로 글을 쓴다. 딱히 가리지 않더라도 바빠서 기회가 잘 오지 않는다.

인기 필자가 아니라면, 주제에 맞는 글을 제대로 써줄 필자가 필요하다. 원하는 기획이나 칼럼을 편집방향에 맞게 써줄 수 있는 필자. 영화 〈기생충〉을, 봉준호 영화의 필모그래피를 관통하며 설명할 수 있는 필자. 데이비드 호크니의 그림과 〈기생충〉 포스터를 함께 설명하며 공간의 의미에 대해 설명할 수 있는 필자. 전자라면 영화평론가나 영화 전문 기자, 그중에서도 평소 봉준호의 영화에 많은 관심을 보였거나 흥미로운 시각을 보여왔던 필자가 필요하다. 후자라면 영화에 흥미를 보여온 미술 평론가나 건축 평론가가 좋다. 평소에 그런 경향이 보이는 글을 써온 필자라면 바로 청탁이 들어간다. 즉 내가 어떤 필자인지 스스로

증명할 필요가 있다. 어떤 글을 쓰는지 보여줌으로써.

회사에서도 마찬가지다. 내가 무엇이 장점인지 보여줘야 한다. 단점은 어쩔 수 없다. 단점은 최대한 보완하는 것이 좋지만 그렇다고 완전히 사라지지는 않는다. 단점은 스스로도 어쩔 수 없는 경우가 많다. 그렇다면 장점을 최대한 보여줘야 한다. 내가 무엇을 잘할 수 있는지 어필해야 한다. 기획서를 잘 쓴다든가, 팀플레이를 잘해서 성과를 낸다든가. 때로는 정치를 잘하는 것도 장점이 될 수 있다. 능력 있는 상사의 곁에서 함께 올라간다든가 하는 것도 나름 효율적인 전략이다.

결국은 누군가에게 인정을 받아야, 사회생활이 제대로 풀릴 수 있다. 그렇다면 누구에게 인정을 받아야 하는 것일까? 내가 잘 보이고 싶은 누군가에게? 불특정 다수 모두에게?

인정을 받는다는 것은 결국 필요하지만 애매하다. 회사에 들어가서 누군가에게 인정을 받기 위해서 노력할 수는 있다. 누구라기보다 스스로를 인정하기 위

1화뿐일지 몰라도 아직 끝은 아니야

해 한 분야를 집중적으로 파고들 수는 있다. 하지만 그뿐이다. 기껏 인정을 받았더니 회사가 망할 수도 있고, 어느 정도 글을 써서 인정을 받았는데 글을 쓰던 매체들이 연이어 사라져버릴 수도 있다. 한때 주간지 네 개, 월간지 네 개에 인터넷 매체까지 있었던 영화 잡지는 이제 주간지 하나만 남았다. 그 시절의 수많은 영화 필자들은 어디로 갔을까.

게다가 인정을 받는 이유나 경로도 의심쩍다. 매체에 실리는 글은 과연 제대로 검증된 필자의 칼럼일까? 기사에 코멘트를 하는 사람들은 과연 전문가일까? 어쩌면 그저 기자와 친한 사이라서 자주 코멘트를 하고, 엉망이라도 글을 쓰는 것은 아닐까? 술을 사거나, 선물을 주거나 하는 식으로 기자와 친해져서 언론에 자주 노출되는 것은 아닐까? 그런 경우도 세상에는 아주 많다. 세상은 결코 공정하지 않으니까. 그리 합리적으로 움직이지도 않는다. 친분과 협잡으로 이루어지는 세상사는 무척이나 많다.

세상을 살아가는 길은 하나가 아니다. 누군가에게,

뭔가에 인정을 받고 그것을 동력으로 살아가는 길을 원한다면 그렇게 가면 된다. 하지만 다른 길도 있다. 그들이 나를 인정하지 않는다면, 나는 다른 길로 가겠다고 선택하면 된다. 그렇다. 결국은 선택이다. 그들의 인정을 거부하고 다른 길로 간다면 어느 정도 거칠고 힘들기야 하겠지만, 그래도 갈 수는 있다. 누군가와 함께 간다면 더욱 더 가능하다.

"남들이 인정해주든 주지 않든 그런 것은 뭐 상관없어. 결국 중요한 것은 내가 누굴 향해 노래를 부르면 기분이 좋은가 하는 것이었어."

그러니까, 시공을 초월해 인간 세상을 관찰하며 고뇌하는 소년의 이야기인 <불가사의한 소년>의 이 말처럼, 깨끗하게 포기해도 된다. '나를 인정하지 않는다면, 당신에게 인정받기 위해 노력하지 않겠다'고. 게임의 룰은 다양하니까. 나는 다른 룰을 익히고, 그것으로 승부할 거니까. 그렇게 믿고, 그렇게 가면 된다.

믿을 만한 플레이어가 되는 기간

체험과 언어는 함께 쌓아나가야 마음의
균형이 맞는 법이야. 〈마녀〉

사회에서 일을 해보면 기본을 완수하는 것이 얼마나 중요한지 알게 된다. 아무리 재능이 뛰어난 사람이라고 해도, 일을 맡겼을 때 어떤 경우는 90점을 넘지만 어떨 때는 20, 30점 정도라면 계속 일을 맡기기 어려워진다. 차라리 70점 정도로 꾸준하게 마무리 짓는 사람이 낫다. 그러면 수정, 보완을 거쳐서 더욱 완성도를 끌어올릴 수 있으니까. 후속 과정은 윗사람이 할 수도 있고, 다른 동료를 거쳐서 이루어질 수도 있고, 회사나 조직은 혼자 모든 것을 하는 곳이 아니니까.

한 곳에서 3년을 보내고 나면 그 분야의 뛰어난 플레이어가 되진 못해도 꾸준히 70점의 성과를 낼 수 있는, 검증 가능한 역량이 된다. 1년 차에는 조금씩 업계의 판을 보게 된다. 내가 어떤 부분을 보완할지, 어떤 것을 버리고 넘어갈지 생각도 하게 된다. 2년 차에는 이것저것 도전을 해보고, 3년 차가 되면 많은 것이 익숙해진다. 업무에서 자기만의 루틴을 갖게 된다. 즉, 3년이 되면 완성형은 아니어도 어떤 일을 맡기면 어느 정도 수준 이상으로 완수할 수 있는 믿고 맡길 수 있는 사람이 된다. 한 명으로서의 가치를 갖게 되는 것이다.

〈씨네21〉에 들어갔을 때 얘기다. 난 그때 결심했다. 이번에는 무조건 3년을 채우겠다고. 아무하고도 싸우지 않고, 어떤 문제제기도 하지 않고 조용히 시간을 보내겠다고. 이유는 간단했다. 보통 회사나 매체에서 경력 기자를 뽑을 때, 일반적인 조건이 2년이나 3년 이상의 기자 경험이었다. 1년은 아예 인정하지 않았고, 적어도 2년은 해야 했다. 내가 〈씨네21〉에서 다른

1화뿐일지 몰라도 아직 끝은 아니야

곳으로 옮기거나 그만둔 후에 다른 일을 찾을 때 필요한 경력의 기간이 3년이었다. 2년은 약간 애매했다.

결과부터 말하자면 지켰다. 3년 동안은 아무런 트러블도 일으키지 않았고, 불합리한 상황이나 명령에도 별다르게 문제제기하지 않았다. 죽어라 일을 했고, 나와의 약속을 지켰다. 3년 즈음에 편집장하고 싸울 일이 있었다. 내가 보기에는 불합리한 명령이었고, 결국 따르기는 했으나 분명하게 문제제기를 했고 약간 감정도 상했다. 그리고 4년 정도 되었을 때, 〈씨네21〉을 첫 번째로 그만두었다. 싸우거나 해서 그만둔 것은 아니고 친한 선배가 창업을 하면서 매체를 같이 만들자고 해서 옮겼다. 제대로 일이 진행되지 않아 6개월 만에 다시 〈씨네21〉로 돌아왔지만.

이가라시 다이스케의 환상적인 만화 〈마녀〉에는 "체험과 언어는 함께 쌓아나가야 마음의 균형이 맞는 법이야"라는 대사가 나온다. 체험과 언어는 무엇일까. 내가 하고 싶은 말, 주장하고 싶은 것은 언어를 통해서 나온다. 그런데 말이 앞서면 결국은 무너져내린다. 스스로를 단련하고, 자신을 성숙시킨 후에 언어로 정련이 되었을 때 무게가 실리고, 스스로에게도 다짐이 될 수 있다. 체험이 없다면, 경험이 없다면 내가 조직해서 하는 말은 그저 공허하게 흩날릴 뿐이다. 3년은 그 체험의 기본이 되는 시간이다.

요즘은 배우로 더 유명해진 릴리 프랭키의 자전적인 소설 《도쿄 타워: 엄마와 나, 때때로 아버지》에도 그런 말이 나온다. 미대를 나오고 디자인회사에 들어가려던 주인공은 고민한다. 회사에 들어가면 안정적인 수입은 생기지만 자신이 하고 싶었던 재미있고 창조적인 작업은 할 수 없다. 프리랜서로 일하다가 개인회사를 만들면 엄청나게 고생을 하고 몇 년간은 돈도 벌 수 없겠지만, 하고 싶다. 시골의 엄마한데 물어본다. 무능력하고 폭력적인 아버지 때문에 고생하던 엄마를 대학 졸업만 하면 바로 모셔오겠다고 늘 생각했기 때문이다. 엄마는, 네가 하고 싶은 것을 하라고 한다. 그리고 조건을 단다. 대신 3년은 해야 한다고. 그래야 네가 그것을 정말 좋아하는지, 잘할 수 있는지

1화뿐일지 몰라도 아직 끝은 아니야

알게 될 것이라고. 노는 것도 3년은 매진해야 정말 노는 것을 좋아하는지, 뭐를 하고 놀아야 하는지 알 수 있게 될 것이라고.

제대로 교육을 받지 못했던 엄마의 통찰 어린 말에 주인공은 감동하고, 하고 싶은 일을 하게 된다. 그리고 성공한다. 릴리 프랭키는 지금 배우로서도 성공가도를 달리고 있다. 모든 것에서 하고 싶은 일을 한 덕택이라고 볼 수도 있다. 3년 동안 헌신하면서, 자신이 무엇을 할 수 있는지 알 수 있게 된 이유도 있고. 그러니까 무엇을 하든, 일단 시작했으면 3년은 버텨보자. 회사가 망하기 전까지는. 쫓겨나기 전까지는.

2부　　　　　방어력

1회로 박살나지 않는 멘탈 체력

"사람은 누구나 실수하잖아. 그래서
연필 뒤에 지우개가 달려 있는 거라고."

고통을 견디는 요령

〈심슨 가족〉에는 온갖 사고가 만발하는데, 특히 호머의 멍청한 사고 연발을 볼 때면 폭소하고 한숨을 내쉬고를 반복하면서 정신없이 빨려든다. 호머는 아무 생각 없이 한심한 사고를 저지르고, 누가 뭐라 할까 봐 거짓말하고 은폐하다가 상황을 더 심각하게 만든다. 그런 패턴으로 사고는 눈덩이처럼 불어나고 거대해진다.

호머를 보다 보면, 정확히 말하면 〈심슨 가족〉을 보다 보면 하나의 결론에 도달하게 된다. '그래도 삶은

1화뿐일지 몰라도 아직 끝은 아니야

지속된다.' 뭔가 차분하고 의미심장한 영화 같은 것을 보면서 그런 생각을 하는 것도 좋겠지만, 호머 심슨을 보고도 같은 마음이 드는 것을 보면 인생은 참 위대한 것 같다. 사소하거나 천박한 것들에서도 인간은 무엇인가를 얻어낼 수 있다. 스스로 원하기만 한다면. 안에 무엇이 있는지 계속, 끈질기게 들여다보면 결국은 보인다.

호머 심슨만이 아니다. 나도 멍청한 짓을 수없이 해왔다. 과거를 돌이켜보면 참 많기도 하다. 그렇게 어리석은 짓을 하고도 어떻게 여기까지 왔는지 신기할 정도다. 〈심슨 가족〉의 호머 심슨이야 만화 속 인물이니 과장을 해서 멍청한 짓 대마왕임을 보여주지만 나는 그냥 현실의 별것 아닌 인간일 뿐인데도 그렇게 많은 역사가 있다. 호머가 살아가는 것이 신기한 게 아니라 내가 지금도 비교적 잘 살아내고 있는 게 더 신기하다.

"사람은 누구나 실수하잖아. 그래서 연필 뒤에 지우개가 달려 있는 거라고."

오래전, 어떤 일로 알게 된 이가 사주를 봐주겠다고 했다. 연월일시를 물어보고 따져보더니, "잘 잊어버리죠? 기억력이 나쁘시네요"라고 했다. 바로 답했다. "맞아요." 뭐랄까… 오히려 기뻤다. '아 그렇구나. 사람들 이름도, 얼굴도 잘 기억 못하는 게 이유가 있었어. 그래서 내가 과거의 뭔가를 잘 잊어버리는 거구나. 잊어버려서 다시 도전할 수도 있고, 비슷한 일도 한 번 더 해볼 수 있고, 멍청해도 자꾸 하다 보니 좋아지는 걸 수 있겠구나. 잊어버리는 것이 장점이 될 수도 있겠구나' 하는 걸 알게 됐다.

호머 심슨은 가끔이지만 너무나도 현명한 말을 할 때가 있다. 그건 호머가 좌충우돌 캐릭터이기 때문이라는 생각을 한다. 과거를 쉽게 잊어버리고 마구 가다 보니 또 뭔가를 알게 된다. 알게 된 것을 쉽게 잊어버리기야 하겠지만 그래도 반복하다 보면 조금은 나아질 것이다. "그래. 물론 인생은 고통과 고난으로 가득해. 하지만 요령은 순간에 주어진 몇몇 완벽한 경험을 즐기는 거야." 〈심슨 가족〉을 보다 보면 안다. 자초한

1화뿐일지 몰라도 아직 끝은 아니야

것이 많기는 하지만 호머의 인생이 얼마나 많은 고통
과 고난으로 가득한지를. 또 그가 얼마나 잘 잊어버리
고 유쾌하고 즐겁게 살아가는지를.

순간을 즐길 줄 알게 되면 어떻게든 버틸 수 있는 힘을 얻는다. 도약할 기회는 '반드시' 온다.

'태도'에 대한 지적

나는 더러운 어른이 되고 싶지 않아.
〈헬로우 블랙잭〉

    회사를 그만둔 한 사람의 이야기를 읽었다. 회사가 어렵다면서 전체적으로 직원들의 연봉을 삭감했다고 한다. 보통 20, 30%인데 그에게는 무려 40%의 삭감을 요구했다고 한다. 회사가 정말로 힘든 상황에 놓여 있다면 받아들일 수도 있을 것이다. 그러나 삭감을 요구하면서 회사에서는 희한한 이유를 들었다고 한다. '회사에 있는 화분에 물을 준 적이 한 번도 없음. 정수기 아래에 커피나 음료가 떨어지는 경우가 꽤 있는데 물휴지로 닦은 적이 한 번도 없음.' 그런 것들이 삭감의 이유라고 했다. 업무나 다른 무엇이 아니라 '태도'에 대한 지적.

나 역시 비슷한 경우가 있었다. 1년마다 재계약을 하는 일이 있었다. 애초에 불공정 계약이기는 했지만 일단은 인정하고 계속했다. 새로운 보스가 오고 1년 뒤, 재계약을 앞둔 상태에서 측근을 통해 들었다. 재계약을 안 할 수도 있다는 것을. 이유가 참 한심했다. '회의할 때 적극적으로 이야기를 안 하고 듣기만 함' '보스가 뭔가를 하자고 하면 일사불란하게 따라오지 않고 비판을 하거나 불만을 제기함' 등이었다.

업무에 문제가 있다고 지적하면 어쨌건 동의할 수 있다. 그런 평가라면 대화의 여지도 있다.

그런데 태도였다. 심하게 말하자면, 네가 평소에 보이는 태도가 기분 나쁘다는 것.

회사에서 태도를 문제시하는 것들은 기본적으로 인간이 아닌 경우가 많다. 네 말은 맞는데 그런 말투로 이야기하면 기분이 나쁘지, 정도도 아니다. 진짜 문제는 내버려 두고, 평소에 너무 나댄다 혹은 너무

1화뿐일지 몰라도 아직 끝은 아니야

소극적이다 같은 말을 꺼낸다. 태도가 문제라면 누구에게나 시비를 걸 수 있다. 말이 많은 것도 문제일 수 있고, 후배가 먼저 다정하게 인사하지 않는 것에 화가 날 수도 있고, 회의할 때 딱딱한 말투였다며 무례하다고 하는 경우도 있다.

그러니까 태도를 가지고 시비를 건다는 건 진짜 문제를 은폐하고, 그냥 당신이 싫다는 표현이다. 직장에서 태도를 말하는 이들은 자신의 문제, 시스템의 문제를 은폐하기 위한 술책으로 모든 것을 이용하는 사람들이다. 그러니 사사건건 '태도'를 운운하는 말에 일희일비할 필요 없다. 아, 나는 그런 더러운 어른은 되고 싶지 않다.

1회로 박살난 걸까, 아니면
프롤로그인 걸까?

> 단 1화뿐일지 몰라도 아직은 끝이
> 아니라고 생각하면 왠지 즐거워져. 분명
> 좋은 이야기가 될 거야. 〈라 퀸타 카메라〉

대학을 졸업하고 1년 정도 놀다가 계획을 세웠다. 비디오 가게를 하자! 당시는 비디오 대여점이 호황이었다. 동네마다 두세 개 정도의 비디오 대여점이 있어도 모두 잘될 정도로. 하지만 잘되니까 편승하자는 이유만은 아니었다. 장기적으로는 글을 쓰고 싶었다. 친구들과 잡다하게 글을 쓰면서 미래를 도모하기도 했지만, 나는 현실주의자였다. 글쓰기는 당장 돈이 되지 않을 거고, 나에게 가장 중요한 건 생활을 유지할 수 있는 비용을 버는 일이었다.

그렇게 떠올린 것이 비디오 가게였다. 영화를 무척이나 좋아했고, 학보 등에 영화에 대한 글을 쓴 적도 있었다. 유명한 영화들은 거의 다 봤고, 마이너한 영화들도 절반 이상은 봤다. 영화 잡지는 모두 사서 봤고 영화 개론서와 이론서도 읽었다. 그런 이력과 취향이 비디오 대여점을 하기 위한 필수조건은 아니지만 도움은 될 거라고 생각했다. 재미있는 영화, 좋은 영화가 무엇인지 안다고 생각했으니까.

고등학교 동창 하나를 꽤서 함께 하기로 했다. 크게 할 생각은 없었고, 계획을 세워 부모님을 설득해 투자금을 받았다. 결론부터 말하자면 영업은 딱 1년만 했고 부모님에게 받은 돈은 고스란히 돌려드렸다. 가게는 다른 이에게 그대로 넘겼다. 원금을 회수했고, 1년 동안 생활비를 벌었으니 손해는 아니었다고 볼 수 있다.

하지만 나에게는 완벽한 패배였다. 나는 인간에게 경제적 독립이 가장 중요하다고 생각했고, 어른이 되는 유일한 길이라고 생각했다. 그래서 내가 할 수 있는 일이 뭔지 고심했고 방법을 찾았다고 생각했다. 나름 치밀한 계획도 세웠다. 하지만 모든 것이 오산이었고 1년 뒤 나는 원점으로 돌아왔다. 안정적으로 생계비를 벌 수 있는 방법을 찾지 못한 것이다.

실패한 이유를 뒤늦게 알았다. 너무 쉽게 생각한 것. 비디오 대여점은 다른 자영업에 비해 비교적 수월한 업종이기는 했다. 카페나 음식점을 한다면 재료를 어디서 구할 건지, 새로운 메뉴를 위해서 어떤 조리법을 익힐 건지 등등 매번 정기적으로 고심해야 하고, 영업시간 이전부터 대단한 노력이 들어간다. 영업을 하면서도 다양한 상황이 벌어질 수 있다.

하지만 비디오 대여점은 비디오 회사에서 신작 비디오를 가져오고, 선택해서 비디오를 받고, 진열하고, 실내 청소하고, 연체된 고객을 확인하고 연락하는 정도면 됐다. 제일 골치 아픈 일이라면 비디오를 늦게 가져오거나 아예 사라지는 경우. 사람이 계속 밀려드는 것이 아니니 영업 중에도 한가한 시간이 있을 수 있다. 나는 글을 쓰면서 부업으로 비디오 가게를 운영하는 게 가능할 거라고 생각했다. 그 생각, 전제부터가 틀렸다.

자영업을 제대로 하려면 나의 모든 생활을 집중시켜야 한다. 아침과 밤, 영업시간 전후에 청소를 두 번은 해야 한다. 진열된 비디오의 배치를 어떻게 바꿀 것인가, 가게 안 TV에서 상영하는 영화는 무엇으로 할 것인가. 세밀하게 대여 실적을 파악하고, 분석해 모든 것을 재배치해야 한다. 연체되는 고객을 관리하는 것만이 아니라 비디오를 많이 빌리는 사람 위주로 어떤 성향의 영화를 즐기는지 파악, 분석해야 한다. 그들에게 적극적으로 새로운 작품을 추천해야 한다. 그밖에도 필요한 것은 무수하게 많다. 나는 그것들을 하나도 제대로 하지 않았다.

6개월이 지나면서, 내 판단이 틀렸다고 생각했다. 당시에는 무엇이 문제인지 제대로 이해하지 못했다. 그때 알았다면, 나는 글 쓰는 것을 중단하고 비디오 대여점 운영에 매달렸을까? 모르겠다. 어쩌면 그때 이유를 몰랐던 것이 더 좋은 일인지도 모르겠다. 운명은 모르는 것이다. 그때는 악운이고, 분명한 실패라고 생각했던 것이 후일 다른 평가로 바뀔 수도 있으니까.

하여튼 그때는 참담했다. 비디오 대여점을 넘기고, 집으로 돌아왔다. 내가 쓰던 방에 들어와 이불을 깔고 누웠다. 천장을 보고 있으려니 한숨이 나왔다. 참담했다. 대체 나는 무엇을 할 수 있을까? 그렇게 한참 누워서 아무것도 없는 천장만 하염없이 바라보았다. 아마 그러다 잠들었겠지.

그때, 〈라 퀸타 카메라〉의 "단 1화뿐일지 몰라도 아직은 끝이 아니라고 생각하면 왠지 즐거워져. 분명 좋은 이야기가 될 거야"라는 말을 들었으면 나는 끌렸을까? 아닐 것 같다. 무슨 개소리야, 하며 넘겨버렸을 것 같다. 1화로 박살난 것을 알고 있고, 다음 화는 더 이상 없다고 생각하고 있었으니까.

그러나 지금은 다르다. 그것은 정말 1화뿐 아니 일종의 프롤로그였다고 생각한다. 그 외에도 수많은 프롤로그를 거쳐서 나는 겨우 1화를 시작할 수 있었고, 이제 한 중반 정도나 왔을까? 아직도 어떤 이야기가 기다리고 있을지 전혀 모르겠다.

1화뿐일지 몰라도 아직 끝은 아니야

다만 아는 것은 있다. 1화로 끝이 나는 이야기는 단편밖에 없다는 것을. 장편이라면, 인생의 페이지를 펼치기 시작했다면 아직 멀고 먼 에피소드가 남아 있다는 것을. 그때 실패하기를 잘 했다고 나는 생각한다. 비디오 가게를 접으면서, 나라는 인간은 이후 절대로 자영업을 하지 않을 것이라고 결심했다. 사장도 안 할 것이라고 마음먹었다. 잘한 일이다. 나라는 인생의 이야기에서 자영업은 절대 어울리지 않는다.

누군가는 실패라고 하지만

수많은 프롤로그들이 있었기에 지금 제대로 된

1화를 시작할 수 있는 것이다.

사장이 되는 것 말고도 회사에서 얻을 수 있는 것

이 베이스캠프도 에베레스트잖아요?
정상까지 전부 에베레스트잖아요. 〈산〉

이시즈카 신이치의 〈산〉을 무척이나 좋아한다. 산을 좋아하지도 않는 주제에 산을 소재, 주제로 하는 만화를 왜 좋아하는 것일까. 〈산〉의 주인공 산포는 그야말로 산에 미친 사람이다. 그렇다고 열광적으로 미친 타입은 아니다. 그저 산을 좋아하고, 산과 함께 살아가는 사람이다. 산을 잘 모르는 사람들에게 강요하지 않고, 윽박지르지도 않고, 호소하지도 않는, 정말 그윽하고 관대한 산과도 같은 사람이다. 그런 산포의 모습이 참 좋다.

산포가 하는 일 중 하나는 산에서 죽은 사람들을 찾아내는 것이다. 산사태에 휩쓸리거나 길을 잃어 구석으로 들어가다가 죽는 경우가 많은데, 겨울에는 등반이 금지된 곳도 많아서 몇 개월 만에 겨우 찾아내기도 한다. 그런 이들에게 산포는 말한다.

"정말로 잘 버텼어. 나는 시마자키 산포라고 해요. 산을 타러 온 당신을 잊지 않을게. 약속해."

그것은 산을 오른 사람들에 대한 경의의 태도다. 산포는 결코 그들의 경솔함이나 실수를 탓하지 않는다. 산을 성공적으로 올랐든 중도에 포기했든, 그것이 중요한 게 아니라 올랐다는 사실이 중요한 거니까.

회사를 산이라고 해도 마찬가지다. 회사의 목적은 이익 추구다. 최대의 이익을 내기 위해 직원을 고용하고, 일을 시킨다. 개인의 성취가 곧 회사의 이익이 되는 이유는 오로지 회사의 일에 집중시키기 때문이다. 보통 개인과 회사의 이익은 배치될 수밖에 없다. 직원이 더 많은 월급과 수당을 가져가면 회사의 이익이 줄어들기 때문이다. 회사의 전체 수익을 키워서 서로 더

1화뿐일지 몰라도 아직 끝은 아니야

많이 가져가는 것이 물론 제일 좋다. 다만 회사의 수익을 올리는 과정에서 직원을 착취하지 않고 이루어져야 한다.

회사에게 개인의 존재는 아주 작고, 큰 목적을 위해서라면 쉽게 내쳐지는데, 그렇기에 타협점을 찾아야 한다. 회사는 나에게 과연 어떤 존재일까? 회사에 들어가 사장까지 가는 사람은 극소수다. 그렇다면 사장 이외에는 어떤 성취를 이루어야 할까? 회사 내에서 개인의 성취란 과연 가능한 일일까? 가능하다. 그렇다면 그 성취는 누구의 이익으로 이어질까? 회사에서는 개인의 성취를 회사의 것으로 끌어들여 더욱 큰 수익을 얻으려 할 것이다. 그럴 때의 수익은 과연 개인에게 정당하게 돌아가는 것일까?

어려운 일이다. 심지어 개인이 회사의 주식을 가지고 있다 해도 불리한 경우가 많다. 비약적으로 주식이 올라서 막대한 수익을 얻지 않는 한 모두가 행복한 결말은 여간해선 없다.

그런 비극적인 생각이 들 때 "이 베이스캠프도 에

베레스트잖아요? 정상까지 전부 에베레스트잖아요"
라는 산포의 말을 떠올린다. 에베레스트에 가면 정상
에 오르는 사람은 소수다. 누구는 그들을 지원하기 위
해 중간 캠프에 남는다. 아예 산 아래의 캠프에 남아
있는 사람도 있다. 그럼에도 그 역시 등반대의 일원이
고, 에베레스트에 오르기 위해 참여한 것이다. 영광은
정상에 오른 사람에게 돌아가겠지만 캠프에 남아 그
들을 지원한 사람들 역시 에베레스트에 오른 것이다.
그 사실만은 결코 변하지 않는다.

산과 회사를 동일하게 볼 수는 없지만, 우리가 인생
의 한때를 몸담은 곳이라는 사실은 다르지 않다. 회사
에 들어가 일을 한다면, 그 안에서 나의 성취를 이루어
내는 것이 바람직하다. 아예 불가능한 환경이라면 잘
못된 선택일 것이고, 그렇지 않다면 단계별 성취가 필
요하다. 정상에 오르지 않았어도 일단 나는 산에 있는
거니까. 지금은 열심히 걸어가야지.

최선이나 최고보다 중요한 것

> 성공하기 위해 안전한 길을 선택하느니,
> 실패했을 때 절대 후회하지 않을 길을
> 간다.〈일리어드〉

〈브뤼트〉가 세상에서 사라진 후 다시 프리랜서를 하고 있었다. 글 쓰고, 강의도 하고, 가끔 인터뷰도 하고 등등.〈미생〉의 윤태호 작가에게서 한번 보자고 연락이 왔다. 이렇게 말하면 잘 아는 사이 같지만 전혀 아니었다. 콘텐츠진흥원 등의 심사 자리에서 두어 번 만나 인사를 한 정도였다. 그리고〈브뤼트〉를 만들 때, 기자가 윤태호 작가 인터뷰를 하고 기획 기사를 만들었다. 그때도 직접 만나지는 못했다. 기자에게 안부를 전해달라 했고, 안부 인사를 다시 전해들은 정도였다.

강남에서 만났다. 윤태호 작가는 심플하게 이야기를 했다. 만화, 웹툰 리뷰와 비평을 하는 매체를 만들고 싶다는 것이었다. 가칭은 '세상의 모든 만화'였다. 세상의 모든 만화에 대해서 이야기하는 매거진. 이런저런 이야기를 했다. 종이 매체로 만드는 것은 아무래도 힘들다. 한국의 잡지 시장은 확실하게 하락세이고, 지금 상황에서 종이매체에 들어가는 비용을 회수하기 힘들다.

윤태호 작가도 웹진을 생각한다고 했다. 그렇다면 필요한 비용을 어떻게 만들 것인가. 윤태호 작가가 기본적인 투자를 하고, 이후 최대한 비용을 회수할 수 있는 방식으로 가자. 콘텐츠진흥원 등에서 매체 지원금을 받는 것도 고려해보자, 한참 호황이었던 웹툰 플랫폼의 광고도 가능할 수 있지 않을까 등등.

솔직히 말하면 시작 단계부터 쉽지는 않다고 생각했다. 지금은 더욱 심해졌지만 당시의 광고 시장도 이미 엉망이었다. 매체를 유지하기 위해서는 광고가 전체 비용의 절반 이상을 메워야 하는데 불가능했다. 잡

1화뿐일지 몰라도 아직 끝은 아니야

지 시장이 호황일 때도 신규 매체가 진입해 광고를 싣는 것은 적어도 6개월이 지나야 가능했다. 광고 대금이 들어오는 것은 거의 1년 정도 되어야 했다. 오프라인 매체도 쉽지 않았지만, 온라인으로 중심이 넘어간 이후에는 모든 것이 무리였다. 게다가 웹진은 성공한 전례가 아예 없었다.

하지만 시작했다. 왜냐하면, 재미있을 것 같으니까.

그렇게 〈에이코믹스〉를 만들면서 여러 가지 시도를 했다. 하지만 실패했다. 실패할 가능성이 높다는 것은 알고 있었지만 그렇다고 해서 안 하는 것은 있을 수 없는 일이다. 길이 있지만 위험할 때, 나는 가는 것을 택한다. 대의명분은 아니다. 재미있는 일이라고 생각하면 한다.

〈일리어드〉에 나오는 것처럼, "성공하기 위해 안전한 길을 선택하느니, 실패했을 때 절대 후회하지 않을 길"을 택한다. 후회하지 않는 방법은 어쩌면 간단하다. 재미있으면 된다. 하고 싶었다면 그것으로 족하다. 대신에 정확하게 판단을 한다. 실패할 수 있고, 실패했을 때 내가 어떤 부담 혹은 책임을 져야 하는가. 부담이 너무나도 커서 감당하기 힘들 정도라면 가지 않는 것이 낫다.

　그런데 인간이란 또 재미있다. 최악의 실패를 상정하고, 그랬을 때 내가 어떻게 감당할 것인지를 생각하고 나면 다음은 쉬워진다. 최악보다 조금 나은 정도의 실패라면, 그 정도는 가능하다고 스스로 믿게 되고, 실패했을 때, 최선을 다해서 벗어나거나 감싸 안고 뭔가를 할 수 있는 방법을 찾는다. 일종의 위약이지만 인간에게 필요한 것은 논리적 확신이 아니라 감정적인 위안이고 인정인지도 모른다.

1화뿐일지 몰라도 아직 끝은 아니야

새싹에 들어 있는 독

이제 안녕이라네. 이별이 나쁠 것도 없지.
어디선가 늘 건강하기를. 나도 어떻게든
해볼 테니까. 꼭이야. 〈소라닌〉

　10대에는 20대가 부러울 수밖에 없다. 대학을 가기
위해 공부에 매진해야 하는 입장에서는 자유로운 성
인이 된 20대가 멋지게 보인다. 아르바이트를 해서 돈
도 벌 수 있고, 내가 하고 싶은 것을 마음대로 할 수 있
을 것 같다. 무엇이든, 아직 오지 않은 것은 약간 환상
적으로 보이는 법이다. 모든 것에는 양면이 있다. 기
쁨만이 있는 삶이나 역으로 슬픔만이 있는 인생이란
존재하지 않는다. 10대에는 20대가 부럽고, 중년이 되
면 공부 말고 다른 것은 고민할 필요 없는 10대가 부

러워진다. 그러나 무엇도 사실과 부합하지 않는다. 대부분은 말한다. 지금이 가장 힘들다고. 또는 여전히 힘들다고.

무엇이건 가능하지만 무엇도 할 수 없는 청춘을 그린 만화, <소라닌>의 제목은 감자의 새싹에 있는 독(Solanine)이란 뜻에서 가져왔다. 새싹에 있는 독. 의미심장하다. 새로운 생명을 틔워내기 위한 싹에 독이 들어 있다는 것. 그것은 모든 생명의 본질 아닐까? 보통 어른이 되기 위한 시간을 10대까지로 본다. 하지만 요즘에는 첫 직장에 들어가는 시간이 20대 후반이면 적당하다고 생각할 정도가 되었다. 서른을 넘기고 처음 일을 시작하는 경우도 많다. 거의 20대까지도 아직 싹을 틔워내기 위한 과정으로 생각한다. 〈소라닌〉의 청년들도 그렇다.

생각해보면 나 자신도 다르지 않았다. 20대 초반에는 아주 막연한 미래밖에 없었다. 뭔가 결론을 확실하게 내고 달려가는 것이 아닌, 어정쩡하고 불투명한 나날들. 대충 생각은 했다. 글을 쓰겠다는 생각. 졸업을 얼마 앞두고 있을 때, 월간지인 〈스크린〉에서 기자 모집 공고를 봤다. 영화를 아주 좋아했으니 마음이 갔다. 〈스크린〉에서 대학생 기자를 한 적도 있었다. 영화를 보고 감상평을 보내면 실어주는 정도였지만 재미있었다. 고민을 하다가 일단 원서를 우편으로 보냈다. 얼마 후, 면접을 보러 오라는 연락이 왔다.

그때, 고민이 시작됐다. 문학 동아리에서 함께 글을 쓰던 친구들이 있었는데, 딱히 약속을 한 것은 없었지만 앞으로도 함께 뭔가를 같이 할 거라고 생각하고 있었다. 졸업한 후에도 같이 책을 내거나 프로젝트를 기획하거나 등등. (실제로 이후에 친구들과 출판기획사를 차리기도 했다.) 결국 며칠간 한참 고민을 하다가 면접에 가지 않았다. 이유는 의외로 간단했다. 친구들과 함께 시작했으니 내가 먼저 박차고 나가지는 말자.

그것이 좋은 선택이라고 생각하지는 않지만 후회하지도 않는다. 그때 〈스크린〉에 들어갔다면 영화지 기자를 일찍 시작했을 것이고, 몇 년 하다가 유학을 갔을 수도 있다. 보통 그런 경우가 많았으니까. 현실의 나는 반백수로 글을 쓰다가 우연히 영화잡지에 들어갔고 다시 〈씨네21〉 경력기자로 옮기게 되었다. 잠시 대학원을 갈까 생각도 했으나 접었다. 공부는 내 길이 아니라고 판단했다. 같은 영화 기자의 길이었지만 이후의 행보는 꽤나 달라졌을 것 같다. 결국은 내 선택에 따라서 내 인생도 달라졌다.

〈소라닌〉의 20대 남녀들은 이제 막 사회에 발을 내딛기 시작했다. 진정으로 원하는 것을 찾지 못한 채 그저 그런 따분한 회사의 평범한 사무직으로 적당히 다니고 있는 대졸 2년 차의 메이코. 일러스트를 그리는 회사에서 아르바이트를 하는, 뮤지션을 꿈꾸는 다네다. 메이코와 다네다는 동거를 하고 있다. 아버지의 조그만 약국에서 일하는 빌리와 졸업을 못 하고 대학 6년생인 가토는 다네다와 함께 밴드를 하고 있다. 아직 자작 싱글 하나 내지 못한 아마추어 밴드다.

메이코의 어머니는 다네다에게, 하나에만 매달려 그것밖에 없다고 생각하기보다는 여러 가지를 자유롭게 해보라고 말한다. 빌리는 아버지의 약국을 물려

받아 적당히 살 수 있지만 무언가 부족한 게 아닐까 고민한다. 안정과 모험. 어떤 길로 접어들던 위험은 따른다. 그렇다고 가지 않으면 늘 후회만 하며 살 뿐이다. 어느 쪽이든 완벽하게 만족할 수도 없고 무한히 평화로워지지도 않는다. 편하면 편한 만큼, 모험을 하면 모험을 하는 만큼 독은 숨어 있다.

"이제 안녕이라네. 이별이 나쁠 것도 없지. 어디선가 늘 건강하기를. 나도 어떻게든 해볼 테니까. 꼭이야"

다네다가 만든 노래의 가사다. 이별은 오고, 좌절과 실패도 오고 때로는 모든 것이 풍비박산나기도 한다. 20대 초반에는 그 모든 것들의 무게가 너무나 클 수 있다. 어느 정도 나이가 들어도 힘들기는 마찬가지다. 하중이 조금 달라질 뿐이지. 하지만 결국은 살아가야 한다. 앞으로 가야만 한다. 보이지 않는 미래를 두려워하면서.

확실한 인과관계는 단 하나뿐이다. 미래는 지금 내가 무엇을 하는지에 따라 만들어진다는 것. 그러니 지금이란 존재하지 않는다. '지금 나는 무엇을 하고 있다'고 말하는 순간, 이미 과거가 되었고 나는 그 말을 하는 순간보다 미래에 있다. 그러니 지금 필요한 것은 내가 할 수 있는 일을 하는 것이다. 내가 진정으로 원하는 것인지, 이 길로 가면 맞는 것인지 고민하는 일도 크게 중요하지 않다. 내가 선택하고 간다면 알게 될 거니까.

우리는 기억해야 한다.

편하면 편한 만큼, 모험을 하면 하는 만큼

독은 숨어 있다는 것을.

행운과 불행으로는 단정할 수 없는 것들

> 언제나 기대는 배반당하고, 행운은 오래
> 계속되지 않고, 인생은 늘 생각대로 되지
> 않는다. 그래도 행운이 불운으로 바뀌는
> 일이 있다면 불운이 행운으로 바뀌는
> 일도 있지 않을까.〈우리들이 있었다〉

"언제나 기대는 배반당하고, 행운은 오래 계속되지 않고, 인생은 늘 생각대로 되지 않는다. 그래도 행운이 불운으로 바뀌는 일이 있다면 불운이 행운으로 바뀌는 일도 있지 않을까." 생각해보면 그 말이 맞다. 기대하는 것들은 대체로 쉽게 이루어지지 않고, 잘 되는가 싶으면 배신당하곤 한다. 행운은 잠시의 일이다. 〈브뤼트〉를 만들고 3년 만에 폐간을 하게 된 상황을 떠올리면 더욱 그렇다.

시작은 갑작스럽게 다가왔다. 한 선배가 연락을 했

다. 상상마당에서 매거진을 만들고 싶어 하는데 혹시 이야기를 좀 할 수 있냐고. 마침 근처에 있었다. 담당자를 바로 만나서 함께 이야기했다.

이야기는 수월하게 풀렸다. 담당자의 상사를 만났고, 매체 기획서를 만들었고, 창간팀을 꾸렸다. 그러나 이 하나의 문장 사이에는 많은 우여곡절이 있었다. 결코 순식간에 모든 것이 이루어지지 않았다. 커다란 난관이 있었고, 이럴 거면 그만두자는 말도 내가 했고, 정말 엎어질 상황도 있었다. 하지만 결과적으로는 창간호를 성공적으로 만들어, 2년 넘게 발간했다.

〈브뤼트〉는 좋은 잡지였다. 상상마당에서 자체 홍보도 할 겸, 문화 트렌드를 앞서간다는 것을 과시도 할 겸 만드는 잡지였다. 만드는 입장에서 가장 좋은 점은 판매와 광고의 부담감이 없다는 것이었다. 문화 마케팅이었기 때문에 판매가 아니라 무가지로 하자고 했다. 상상마당과 지역의 문화기관 등에 배포했다. 광고도 받지 않았다. 한 기업이 만드는 매거진이었기에 다른 광고는 없이 갔다. 원하는 기사와 내용을 일정 정도 만들어주면 나머지 콘텐츠는 퀄리티가 보장되는 한 마음대로 할 수도 있었다.

그러나 행운은 하루아침에 끝났다. 경영진이 교체되면서 상상마당의 사업을 전면 재검토했고, 수익을 내지 못하는 사업은 접게 되었다. 애초에 수익을 낼 계획이 없었던 〈브뤼트〉도 대상이었다. 2년 재계약을 하고 두 달도 안 되어 폐간이라는 소식을 듣다니. 소송은 무익했다. 〈브뤼트〉의 권리를 가져오는 것은 할 수 있었지만 이미 덩치가 커진 잡지를 만드는 것은 작은 회사가 할 수 있는 조건이 아니었다. 정기구독을 늘려보고, 인수할 회사를 찾는 등 방법을 찾았지만 백약이 무용했다. 결국 폐간했다.

"행운은 오래 계속되지 않고, 인생은 늘 생각대로 되지 않는다."

상상마당에서 영원히 매거진을 만들 것이라고 생각하지는 않았다. 제작비 지원이 없어지더라도 자생력을 갖출 수 있도록 광고와 판매를 체계적으로 준비하고 있었다. 하지만 너무 빨랐고, 너무 급작스러웠다.

폐간 결정이 6개월만 늦게 되었어도, 아니면 폐간한 다고 결정하고 6개월만 더 주었더라도 꾸려갈 수 있었다. 하지만 모두 불가능했다. 상부에서 결정하면 그냥 따를 수밖에 없는 회사 구조였고, 내 위치는 그냥 하청업체의 편집장이었을 뿐이다.

그래도 〈브뤼트〉를 만들 수 있었던 건 대단한 행운이었다. 내부에 지인이 있었던 것도 아니고, 내가 잡지계에서 탁월한 능력을 가진 것도 아니었다. 어떻게 인연이 닿았고, 마침 커리어를 인정해주면서 편집장까지 하게 된 것이었다. 내가 원하는 방향으로, 내 열정을 담아 만드는 잡지를 창간하고 2년이 넘게 발간할 수 있었다는 것만으로도 큰 행운이었다. 그렇기에 비록 불운의 순간에는 분노도 했고 절망도 했지만 시간이 지난 후에는 받아들일 수 있었다. 다음에 만들었던 만화리뷰웹진 〈에이코믹스〉도 마찬가지였다. 쉽게 얻을 수 없는 행운이었고, 즐거운 한때였다. 그것만으로도 만족한다.

돌이켜보면 그런 일들은 참 많았다. 행운과 불행,

어느 한쪽으로 쉽게 말할 수 없는 것들. 시작은 행운이었지만 급작스러운 혹은 안 좋은 결말은 불행이다. 반대의 경우도 있다. 그렇다면 전체로서는 어떻게 봐야 할까. 결과로만 따진다면, 나는 대부분의 것들을 실패했다. 내가 주도해서 만들었던 잡지들은 거의 다 망했다. 아니 다 망했다. 창간 후 6개월이 지나 들어갔던 〈씨네21〉만 유일하게 남았다. 그렇게 본다면 나의 행운이란 다 보잘것없다고 여길 수도 있다. 하지만 나는 그 경험만이 아니라 그 과정 자체를 자랑스러워한다. 내가 주도해서 이끌어갔던 〈브뤼트〉도, 〈에이코믹스〉도.

나의 성공이라고 한다면, 어쨌건 완결된 작품이라 할 수 있는 단행본일 것이다. 혼자 쓴 책이 10권 정도, 공저로 쓴 책은 20권 정도 된다. 하지만 나는 그 책들이 뭔가 성공의 결과라고는 전혀 생각하지 않는다. 그냥 과정일 뿐이고, 내가 하는 수많은 일의 하나일 뿐이다. 성공인지, 실패인지도 사실 관심이 없다. 재미있어서 한 일이고, 결과가 나온 것으로 만족한다. 얼마나 팔렸는지가 아니라 책으로 나오게 된 것 자체에 충분히 만족한다.

그렇다면 전체적으로는 행운이 아니었을까. 그런 일들이 나의 인생에 있었다는 것만으로도. 그 불운들도 결국은 행운의 일부분이었다고 지금은 생각한다.

묘하게 즐겁다는 생각

> 저 녀석은 뭐든 즐기거든, 요츠바는
> 무적이야.〈요츠바랑!〉

과거의 나는 화가 많았다. 보기에 분명히 문제가 있다고 생각하면, 비합리적이거나 부당하다고 생각하면 바로 그 자리에서 화를 내거나 말을 했다. 직장에 들어가 일을 할 때도 그랬다.

작은 잡지사에 들어갔을 때였다. 출퇴근 문제로 말이 많았다. 기사를 쓰다 보면 밤까지 밀리는 경우가 많았다. 어떤 기자는 새벽까지 쓰다가 들어가고, 어떤 기자는 밤을 새고 다음 날까지 쓰기도 했다. 늦게 들어가면 늦게 나오게 되고, 아침까지 쓰다가 출근 시간

1화뿐일지 몰라도 아직 끝은 아니야

전에 사우나를 다녀오는 경우도 있었다.

그런데 사장은 출퇴근 시간을 지켜야 한다고 주장했다. 편집차장이었던 나는 마감 기간만은 예외로 해야 한다고 강력하게 이야기했지만 사장은 이해할 생각이 없었다. 퇴근 시간 전에 다 쓰면 되지 않느냐는 말을 했다. 아니면 퇴근하고 다음 날 다시 출근해서 쓰라고. 설왕설래 하다가 마감 기간에는 출퇴근 못 지킨다고 못 박고 이야기를 끝냈다.

다음 마감이 되었다. 회사에 가니 후배 기자가 출퇴근을 기록하는 펀치를 찍어야 한다고 말했다. 가 보니 구석에 작은 기계 하나가 설치되었고, 옆에는 모든 직원의 출퇴근 카드가 있었다. 카드를 입구에 넣으면 출퇴근 시간이 찍히는 기계였다. 기자들의 출퇴근이 일정하지 않아 불만이 많았던 사장이 전 직원의 출퇴근을 기록하는 시스템을 만든 것이었다. 나는 내 출퇴근 카드를 뽑아서, 갈기갈기 찢어 다 보이게 버리고 나왔다. 이후로도 출퇴근 카드를 찍지 않았다.

한번은 사장과 기자들이 모여 이야기를 하는데, 당

장 월급이 두어 달 밀린 걸 어떻게 할 건지 물으니 사장은 힘들다는 말만 하면서 계속 딴소리만 했다. 그 자리에서 일어나 나와 버렸다. 당시 회사는 여의도에 있었는데, 오후 3시쯤 나와버리니 할 일이 없었다. 그래서 다시 회사로 들어가, 여전히 기자들에게 말하고 있는 사장 옆에서 가방을 챙겨 나와 집으로 갔다.

젊어서 그런 탓도 있다. 내가 판단하기에 불필요한 이야기를 하고 있으면 들어줄 필요도 없다고 생각했으니까. 하지만 그것만이 이유는 아니다. 화가 많았던 이유는 세상에 불만이 많아서였고, 나 자신의 열등감 때문이었다. 제대로 인정받지 못한다고 생각하면, 그래 하지 마,라면서 박차고 나와버리는 경우가 한두 번이 아니었다.

그러다가 사회 경험이 쌓이고, 나이가 들면서 화를 거의 내지 않게 되었다. 가장 큰 이유는 나에게 너무 조바심을 내지 않게 되었기 때문에. 그럴 수도 있다고 생각하고, 기다리거나 일단 지켜보자는 편으로 변해갔다. 바로 규정하지 않고, 바로 감정을 표시하거나

쌓아두지 않고 관찰하면서 정보를 많이 모으고 그것을 통해서 차차 판단하는 것.

그렇게 하니 일하면서 화를 내는 경우가 아주 줄었다. 어떤 문제가 생기면 그것에 집중했다. 일이 엉망이 되었거나 어그러지는 것 자체는 문제다. 하지만 그것 때문에 화를 낸다고 상황이 변하지는 않는다. 문제가 생겼을 때 가장 먼저 해야 할 일은, 어떻게 하면 문제가 해결될 것인가 해답을 찾는 것이다. 화를 내면 감정이 앞서기 때문에 제대로 이성적 사고가 작동하지 않을 수 있다. 최대한 감정을 밀어내고 합리적인 해결책을 찾아야 한다.

재미있는 사실은, 일단 감정을 덜어내고 이성적으로 방법을 찾으려 하면 많은 것이 풀린다는 점이다. 한 직원의 잘못으로 벌어진 일이라고 해도, 직원에게 감정적인 화풀이를 할 생각이 사라진다. 직원을 불러 면담하면서 당신이 무엇을 잘못했고, 어떻게 대처해 더욱 문제를 악화시켰는지 말은 하지만 감정적으로 화내지는 않는다. 물론 문제를 일으키고 반성하지 않으며 계속해서 같은 문제를 되풀이해서 일으킨다면 합리적인 해결책으로서 징계나 해고를 고려해볼 수밖에 없지만, 그건 다음 문제다. 지금 당장 필요한 것은 문제를 해결해 모든 것을 원위치로 돌려두는 것이다.

트러블을 좋아하는 것도 아니고, 문제 풀이를 즐기는 것도 아니다. 게다가 누군가의 실수나 잘못 때문에 엉망이 된 상황이 좋을 리 없다. 하지만 문제를 해결하고, 다시 정상 상태로 되돌리는 과정을 완수하고 나면 묘하게 즐겁다는 생각이 든다. 모든 것이 원상태로 되돌아갔을 때 편안함도 느낀다. 요츠바의 즐거움에 비견할 수는 없지만, 때론 '이걸 해결하면 예전 상황으로 돌아갈 수 있어'라는 생각이 고통을 줄여주기도 한다. 당장의 문제보단 회복될 상황에 몰입하게 하니까.

때론 '이걸 해결하면 예전 상황으로 돌아갈 수
있어'라는 생각이 고통을 줄여주기도 한다.
당장의 문제보단 회복될 상황에 몰입하게 하니까.

가면은 언제 쓰고, 언제 벗어야 하는가

> 지금의 그 얼굴은 키요하루 자신이 만
> 들어낸 가면처럼 보여. 더 이상 상처받지
> 않기 위해. 사람들이 자신에게 접근하지
> 못하도록. 〈리얼〉

사회생활을 하면 어쩔 수 없이 가면을 써야 할 때가 있다. 보통은 필요하다. 부당한 일을 당했을 때 아닌 척, 아무렇지도 않은 척 가면을 쓰라는 것은 아니다. 그럴 때는 오히려 분노의 가면을 쓰는 것이 좋다. 왜 부당한지, 왜 화가 난 것인지를 가해자에게 확실하게 알려줄 필요가 있다. 잘못을 지적하지 않고 유야무야 지나가면, 잘못된 행동을 했던 사람은 반복한다. 이렇게 해도 되는구나, 멋대로 생각해버린다. 잘못된 일, 비합리적인 상황에서 잠시 가면을 쓰는 것은 필요한

1화뿐일지 몰라도 아직 끝은 아니야

일이다.

일상적으로 쓰는 가면도 있다. 어떤 사람은 집 밖을 나서자마자 가면을 쓰기도 한다. 일부러 쾌활한 표정을 지을 수도 있고 반대일 수도 있다. 가면을 왜 쓰는 것이냐고 묻는다면 저마다 이유는 다르다. 누구는 사회생활에서 조금 더 수월하게 지내기 위해 밝은 가면을 쓰고, 누구는 힘겨운 일상을 견디기 위해 두텁거나 견고한 가면을 쓴다. 또 누군가는 늘 웃는 얼굴이면 은근슬쩍 힘든 일을 배정받거나 부당한 처우를 당한다고 생각해 무표정하거나 쌀쌀맞은 가면을 쓰기도 한다.

장애인 농구를 다룬 만화 <리얼>에서 말하는 "지금의 그 얼굴은 키요하루 자신이 만들어낸 가면처럼 보여. 더 이상 상처받지 않기 위해. 사람들이 자신에게 접근하지 못하도록" 쓰는 가면과 비슷하다. 불합리한 상황에 빠져들지 않기 위한 가면이 아니라 모든 인간관계를 단절해버린 가면. 누군가와 가까워지면, 누군가를 믿게 되면 언젠가는 배신당할 거라고 생각해 아예 시작 자체를 지워버린 가면.

사회생활에서의 가면은 필요악이다. 아니 악이라고 할 필요까지도 없다. 사회에서 살아가기 위한, 살아남기 위한 스킬이라고도 할 수 있다. 다만 가면 자체가 그대로 얼굴에 붙어버린다면, 본래 자신의 얼굴을 잃어버린다면 분명 문제가 된다. 팀 버튼의 영화 〈배트맨2〉에서 브루스 웨인은 자신의 가면 때문에 갈등한다. 배트맨은 악당들과 싸우는 정의의 기사다. 그런데 의심한다. 혹시 부모가 악당들에게 살해당한 트라우마 때문에 개인적인 복수와 스트레스 해소를 위해 자경단 짓을 하는 것은 아닐까, 하고. 영화 내내 웨인은 자신의 가면이 정의를 위한 마스크인지 진짜 자신의 얼굴인지 고뇌한다. 고담의 사회정의를 위해서 어쩔 수 없이 배트맨이 된 것이 아니라 자신의 뒤틀린 욕망을 해소하기 위해 가짜로 히어로 역할을 하고 있는 건 아닌지 의심한다.

가면이 너무 익숙해지거나 가면에 도취해버리면 그대로 가면에 빠져버리거나 본래의 자신과 분리되

1화뿐일지 몰라도 아직 끝은 아니야

어버린다. 나 자신을 잃어버릴 수 있는 것이다. 아부를 하고, 충성을 다하는 가면도 필요에 의해 쓰게 된 것이다. 그런데 오로지 아부와 충성에만 몰두하며 승진하고 나면, 목적을 이루어도 만족하지 못한다. 애초의 목적은 아부를 통한 승진이고 확고한 직장 내의 위치였기에 더 이루어야 할 것도 없다. 그래서 높은 자리에 가도 여유가 생기기는커녕 부하 직원들을 닦달하고 자신을 돋보이게 하는 짓에만 집중한다. 거짓에 익숙해지면 결국은 거짓이 모든 것을 잡아먹어버린다.

가면은 좋다. 자신의 본성 혹은 맨 얼굴이 여전히 남아 있다면 잠시 가면을 쓰고 살아가는 것은 좋다. 우산을 쓰고 잠시 비를 피하는 것처럼. 하지만 가면을 벗었을 때에도 여전히 나는 가면과 같은 그 얼굴이라는 것을 깨닫게 되면, 그때는 떠나야 한다. 존재하지 않는 것에 나의 몸과 마음을 맡겨버리면 돌이킬 수 없게 되니까.

한껏 절망하고 좌절해도 좋다

나는 자존감이 없는 인간이라고 생각했다. 아니 맞다. 나는 특별하지도, 뛰어나지도 않은 인간이다. 보통의 재능을 가지고 있으며 별다른 매력이나 장점도 없다. 스스로 평균 이하라고 생각했고, 그래서 늘 목표는 평균보다 조금 높은 정도였다. 단 1점이라도 평균보다 높으면 성공이라고 믿었다.

어릴 때, 젊은 시절까지는 언제나 나 자신에게 시달렸다. 열등감도 극심했다. 나는 아무것도 할 수 없는 인간이라고 생각했다. 나를 공격하거나, 지적하는 말을 들으면 화가 났고, 일부러 반항했고, 의도적으로 다른 길을 가려고 의식했다.

나이가 들면서, 다사다난한 경험을 겪으면서 생각이 바뀌었다. 현실을, 나 자신을 인정하게 되었다. 그 경험들이 주로 실패와 고난이었기 때문에 그럴 수도 있다. 그러나 큰 실패 앞에선 자책했다. 나는 왜 이렇게 멍청하고 한심할까? 하다가 다시 마음을 바꿔, 아니야, 나는 능력이 있어, 다음에는 반드시 될 수 있어. 뭐 그런 식으로 생각했다. 하지만 지금 생각해보면 나는 근본적으로 나에 대한 의심이 강했고, 근저에는 내가 보통이나 그 이하의 존재라는 것을 느끼고 있었다.

된통 당한 사건이 있었다. 내가 도저히 컨트롤할 수 없는 정도의 일이었는데, 내 잘못도 아니었다. 천재지변처럼 외부에서 갑자기 들이닥쳐 쾅 하고 벌어지더니, 당시의 내 모든 것을 흔들어놓았다. 아무 일도 할 수 없었다. 학교를 다니고, 사회생활을 하면서 축적해놓은 경험치도 아무 소용없었다. 속수무책으로 밀리다가 겨우 수습했다. 엄청난 피해, 상처를 입은 채로.

그리고 시간이 좀 흐르니, 오히려 편해졌다. '아 나는 정말 별것 아니구나. 나의 인생을 철저히 컨트롤하면서 이 세계를 잘 살아가겠다는 바람은 그저 신기루에 불과하구나. 아무리 애써도 안 되는 것은 너무나도 많구나. 내 힘으로, 내 노력만으로 할 수 없는 것에 흔들리지 말자. 지금 내가 할 수 있는 것에 최선을 다하고, 내일의 나에게 맡기자.' 내가 한심한 인간이라는 것을 받아들이고 나니 다소 가벼워지고 느긋해졌다. 한껏 절망하고 좌절해도 좋다는 생각이 들었다. 아주 잘하지는 못해도, 이번보다 단 1이라도 잘하면 된다고 생각했다. 과거도 1, 지금도 1인데 마음가짐은 확연하게 달랐다.

흔히 자존감이 강한 사람은 외부의 시선에 흔들리지 않고, 자신의 가치를 지킨다고 생각한다. 일종의 마이웨이. 그런데 반대로 생각하면, 그런 생각 자체가 타인을 의식하는 것 아닐까? 정말로 의식하지 않는다면 애초에 신경 쓰지도 않을 것이다. 한 영화감독은 인터뷰에서 자신의 영화에 대한 평가를 의식하지 않는다고 말했다. 그건 각자의 평가일 뿐이고 영화는 영화일 뿐이라고. 그 감독과 잘 아는 지인은, 술만 마시면 자신의 영화를 비판한 평론가들을 늘 욕한다고 했다. 타인이나 외부 평가 등에 신경 안 쓴다고 너무 강조해서 말하는 사람은 오히려 휘둘리는 경우가 많다. 정서적으로도 불안하고.

나는 지금도 자존감이 없다. 내가 대단한 인간이라고 생각하지 않는다. 여전히 무엇인가에 쉽게 뛰어든다. 안 되면 말고,라고 생각한다. 내가 부족하고 능력이 없으니까 언제든 실패할 수 있다. 하지만 그걸 알기 위해서는 일단 해봐야 한다. 지금 내 앞에 주어진 일이라면, 할 수 있는 일이라면 일단 시작한다. 할 수 있기 때문이 아니라, 좋아한다거나 관심이 있으니까. 그러니까 계속 갈 수 있다. 아니면 말고, 다시 시작하거나 다른 길로 가면 되니까. 내가 좋아하는 것을 계속해서 하다 보면 언젠가는 성사되는 일이 생길 테니까.

최악의 상황을 상상하는 게
중요한 이유

어째서 그런 실패와 바보짓을 반복하지
않으면 알 수 없었던 걸까?! 〈드래곤헤드〉

언젠가 지인들과 이야기를 하다가 심폐소생술 방법을 떠들었다. 영화와 드라마에서 나오는 것처럼 쉬운 일은 아니다, 갑자기 가슴을 친다고 살아나는 일은 거의 불가능하다, 엄청 강하게 가슴을 압박해야 해서 갈비뼈가 부러지는 일이 많다 등등. 나도 한마디 거들었다. 심폐소생술을 하다가 부러진 갈비뼈가 폐를 찌르거나 해서 죽는 경우도 많다고.

안락사도 주제였다. 스위스에서 합법 안락사가 시작된 지 꽤 시간이 흘렀고, 등록한 한국인들도 많다는 것. 노인으로 살아가는 시간이 길어지면서 죽음을 맞이하는 문제가 대단히 중요해졌다는 것. 탄생은 자신이 선택할 수 없지만 존엄사로서의 죽음은 선택할 권리도 있지 않아야 할까,라는 것. 나는 적극적으로 죽음을 선택하는 문제를 생각해봐야 한다고 말했다. 한편으로는 멋지지 않느냐고.

내가 했던 말들이 부정적이라는 반응이 돌아왔다. 공격이나 비난의 뉘앙스는 아니고, 어떤 주제를 이야기할 때 내가 드는 예나 상황이 주로 최악이거나 심하게 잘못되었을 때라는 것이었다. 맞는 말이다. 나는 어떤 사건이나 이야기에서 늘 최악의 상황을 상정한다.

언제부터인지는 모르겠다. 어떤 일을 해야 할 때, 어떤 행동을 할 때 우선 최악의 상황을 시뮬레이션 해본다. 일상에서도 수없이 한다. 주방에서 커피를 타서 작업실로 올 때, 발이 걸려 넘어지면 컵이 어떻게 구를까 생각한다. '벽에 부딪치면 깨질 텐데. 튀어서 발에 박힐 수도 있겠지?' 도마에서 칼질을 할 때는, '손이 이쪽으로 쓱 넘어가버리면 칼이 얼마나 날카롭게 파고들까? 뼈가 보이는 것도 가능하지 않을까?' 생각하고, 횡단보도에서 신호를 기다리면서는 '저 차가 갑자기 방향을 바꿔서 나에게 돌진해 온다면?' 하고 상상한다.

순간만 생각하는 것이 아니라 다음 상황을 전개한다. 그러면 컵을 최대한 보호할 방법이 무엇일까? 손에서 피가 솟구치면 일단 이 행주로 감싸고 압박을 하자. 차가 나에게 돌진하면 뒤보다는 옆으로 피하자. 하지만 대부분은 아무 일도 벌어지지 않는다. 그냥 의미 없는 사소한 습관일 뿐이다.

구체적으로 최악의 상황을 시뮬레이션 하는 것은 어떤 일을 하게 될 때다. 지인이 어떤 일을 같이 하자고 하면, 일이 어떤 식으로 전개가 되고, 어떤 성과를 가져올 수 있을지, 일이 잘 안 풀리면 어떤 상황으로 이어질지, 그러면 나에게 벌어질 최대의 피해는 무엇일지, 시뮬레이션을 모두 해본다.

과장해서 말하면 〈어벤져스: 인피니티 워〉에서 어벤져스가 타노스를 이길 수 있는 모든 수를 닥터 스트레인지가 내다보는 것과 비슷하다. 닥터 스트레인지는 그 중에서 이길 수 있는 단 한 가지 방법을 알아내고 그대로 따라 한다. 나는 그럴 수 없다. 나는 미래를 보는 눈이 없을 뿐 아니라 모든 경우의 수를 다 시뮬레이션 할 수도 없다. 내 상상 속에서 최대한 많은 것들을 생각해볼 뿐이다.

일이 잘 풀리면 무엇을 하자는 생각보다, 잘 안 되었을 때 어떻게 하면 피해를 최소화시킬 수 있을지 상정해보는 게 현실적으로 도움된다. 우선 마음을 다질 수 있다. 최악은 이런저런 것인데, 그 상황에 닥쳤을 때 나는 이렇게 하자. 손해는 무엇일 테니 여파를 최소로 줄일 수 있는 방법은 이것 아닐까? 이렇게 최악의 많은 경우를 생각하고 나면, 일의 추진에도 도움이 된다. 망해도 나는 감당할 수 있다는 믿음이 우선 있으니까.

그리고 현실에서는, 여간해서 최악까지 가지 않는다. 보통 최악보다는 좋은 차악 정도가 닥친다. 일을 시작할 때 꿈꾸는 좋은 결말은 여간해선 오지 않는다.

그렇게 믿는다는 점에서 나는 부정적인 생각을 주로 하는 게 맞다. 다만 나는 부정적인 결과를 최대한 따져 보고 나서, 그 일을 하는 것이 낫다고 본다. 이렇게 저렇게 문제점이 있고, 이런저런 나쁜 상황이 도래할 수 있으니 피하자가 아니라 다 따져봤으니까 이제 시작하자로 결정한다. 아무리 해도 웬만해선 최악까지는 오지 않을 테니까. 그러면 나는 다 받아들일 수 있으니까.

어째서 그런 실패와 바보짓을 반복하지 않으면 알 수 없었던 걸까?라는 한탄은 상상력의 부재에서 나온다. 최악을 상상해보면 차악이 닥쳤을 때 매뉴얼을 만들어볼 수 있다.

어른의 세계에서 알게 된 것

의미 있는 일을 해야 해. 어릴 때부터 이런 말을 수 없이 들었다. 딱히 내가 들은 것은 아니다. 다행히도 부모님은 이런 것을 해야 하고, 저런 것은 하지 말아야 하고 등의 강압적인 말은 많이 하지 않았다. 비교적 자유분방하게 자랐다. 의미니 명분이니 하는 말을 많이 듣고 본 것은 오히려 책과 영화 등에서였다.

어렸을 때 누구나 반드시 보는 동화책의 대부분이 교훈적이었다. 항상 착한 일을 해야 한다. 언제나 정의로운 일을 해야 한다. 좋은 일을 하면 결국은 보상이 돌아온단다. 하지만 전형적인 동화책은 재미없었다. 색다른 이야기나 조금 어두운 이야기들이 좋았다. 이를테면 그림동화도 다양한 버전 중에서 조금 더 어둡고 잔인한 버전이 좋았다.

흥부와 놀부 중에서 흥부가 더 착하다는 것은 알겠으나 딱히 호감을 가질 수 없었다. 놀부가 못된 짓을 하기는 했지만 흥부는 무기력한 한량이었다. 장화홍련전에서는, 아이들 용에는 나오지 않았고 원래 이야기에는 있다던 새엄마에 대한 벌이 더 흥미로웠다. 아마 죽여서 젓갈로 만들었다던가. 유리구두의 초기 버전에서는 못된 누이에게 불에 달군 쇠구두를 신고 죽을 때까지 춤을 추는 벌을 주었다던가.

사춘기가 되면서 세상은 그리 밝고 평화로운 곳이 아님을 알게 되었다. 아이들용으로 각색된 동화는 현실의 음습한 부분을 제거하거나 가린 채로 보여주었다는 것도 알게 되었다. 그러면서 다양한 책을 읽게 되었다. 주로 미스터리와 스릴러, SF, 호러 등의 장르 소설이었다. 세상이 얼마나 잔혹하고 무정한 곳인지 알게 되었고, 인간의 상상력이 얼마나 위대한 것인지도 알게 되었다. 그러면서 더 많은 것을 알고 싶어졌다.

하지만 지금 와서 생각하면, 안다는 것은 참 부질없는 일이기도 하다. 안다고 생각하지만 내가 아는 것은 아주 일부분일 뿐이다. 이 영역은 꽤 안다고 생각했는데 아직 도입부에 불과했다. 코끼리를 처음 만난 시각장애인의 이야기 같은 것이다. 시각장애인들은 자신이 만진 코끼리의 일부를 이야기한다. 다리를 만졌으면, 거대한 기둥 같아. 코를 만졌으면, 기다란 호스 같아. 귀를 만졌으면, 거대하고 부드러운 부채 같아. 그들 누구도 코끼리의 전체 모습을 알지 못한다. 마찬가지로 나는 여전히 많은 것을 모르고, 그래서 더욱 기대된다. 알고 싶은 것이 엄청나게 많이 남아 있고, 하나씩 알게 될 때마다 즐거울 테니까. 부질없어도 재미있다.

어른의 세계를 알면서 또 하나 궁금한 것이 '의미'였다. 어른들은 의미에 대해 수많은 가치를 부여한다. 의미가 없으면 하지 마. 아무 의미도 없잖아, 그러니

1화뿐일지 몰라도 아직 끝은 아니야

까 가치도 없어. 의미를 모르면 이해하지 못한 거야. 이런 종류의 이야기들. '의미 없는 나날들' 같은 말도 수없이 들었다. 아무런 의미 없이 흘러가는 날들이 왜 나쁜지 지금도 잘 모르겠다.

<마루코는 아홉 살>의 "의미 없는 것을 잔뜩 하는 것이 인생이란다"라는 말은 의외로 부정적이거나 허무한 말이 아니다. 오히려 의미 없는 일을 잔뜩 하면서 인생이 만들어진다는 적극적인 의미로 해석할 필요가 있다. 실제로도 그렇다. 의미 없어 보이는 일을 계속하면서 회사를 다니고 있어도, 자신이 무엇을 하고 있는지 잘 알고 있다면 어느 순간 각성의 시기가 온다. 야구에서 배트를 수없이 휘두르는 것은 의미 없어 보이는 반복이다. 하지만 누구나 알고 있다. 무수한 휘두름이 결국은 타격 기술을 향상시킨다는 것을. 내가 지금 무엇을 하고 있는지 잘 아는 채로 그 행동을 계속하면, 결국은 몸에 익게 된다. 소위 말하는 '경험적 직관'은 오로지 수많은 경험을 통해서만 만들어낼 수 있다.

3부   결단력

인간관계의 어려움,
진로 고민 앞에서

"날지 않는 돼지는 평범한 돼지일 뿐이야"

상사의 네 가지 타입

> 누구나 자신만은 과오를 범하지
> 않는다고 믿으며, 업이 업을 낳고 슬픔이
> 슬픔을 낳는 굴레에서 벗어나지 못한다.
> 〈바람계곡의 나우시카〉

직장에서도 그렇지만, 사회생활 하다가 만나는 사람 중에 제일 피곤한 타입은 자신만이 옳다고 확신하는 타입이다. 타인의 말은 절대로 듣지 않고, 자신의 어설픈 논리를 반복해서 주장하는 타입. 세상 한 구석 어딘가에서 만나면 무시하고 지나가버릴 수 있지만 같이 일이라도 하게 되면 정말 피곤한 타입이다.

머리가 좋고 나쁘고, 부지런하고 게으르고 네 가지 경향만으로 좋은 상사, 나쁜 상사를 따지는 이야기가 있다. 어떤 타입이 제일 좋은 상사이고, 누가 제일 나

1화뿐일지 몰라도 아직 끝은 아니야

쁜 상사일까? 제일 좋은 상사는 머리가 좋으면서 부지런한 타입이라고 생각하기 쉽지만, 아니다. 머리가 좋고 게으른 타입이다. 머리가 좋기 때문에 업무 파악을 잘하고, 정확하게 지시를 한다. 그러면서 게으르기 때문에 일단 일을 맡겨 놓으면 세세하게 점검하거나 따지지 않고, 결과만을 두고 평가하면서 장단점을 짚어내는 경우가 많다. 아랫사람으로서는 간섭이 적고 책임을 분담하며 배울 것이 많기 때문에 최고의 상사다.

다음은 머리가 나쁘고 게으른 상사다. 머리가 좋고 부지런한 상사가 좋다고 생각하는 이들도 많을 텐데, 한번 따져보자. 머리가 좋고 부지런한 사람들은 일반적으로 자기가 원하는 것, 옳다고 생각하는 것을 아랫사람들이 그대로 따르기를 원한다. 그리고 일일이 체크를 한다. 이런 상사 밑에 있으면 배우는 것은 많을 수 있다. 아니 많다. 대신에 몸과 마음이 너무나 힘들고 지긋지긋하다. 여기에 상사의 인성까지 안 좋으면 심한 내상을 입고, 열심히 2, 3년을 버티다가 병가를 내야 한다. 안 그러면 버틸 수가 없다.

머리가 나쁘고 게으른 상사는 간섭을 하지 않는다. 머리가 나쁘니까 상황 파악을 잘하지 못한다. 게으르니까 일일이 지시하거나 간섭하기가 귀찮아 뭐라 잘하지도 않는다. 아랫사람에게 업무를 일임하는 경우도 많고, 일단 시키고 나면 사사건건 점검하지 않는다. 결과가 좋게 나오면 모든 것이 좋다. 배우는 것은 많지 않지만, 스스로 일을 찾아서 할 수 있고, 처음부터 끝까지 내가 해야 하기 때문에 경험이 풍부하게 쌓이는 장점이 있다. 물론 상사의 인성이 나쁘면 다 소용없다.

최악은 머리가 나쁘고 부지런한 상사다. 제대로 아는 것이 없고 판단도 엉터리로 한다. 무조건 열심히 하면서 잘못된 지시를 내리기도 하고, 문제가 있다는 것이 명백히 보이는데도 따르기를 원한다. 출퇴근부터 시작해서 모든 과정을 빡세게 관리하기 때문에, 모든 면에서 힘들다. 심지어 인성이 좋아도 부지런한 상사는 자신의 속도에 맞추기를 원하기 때문에 엄청난 스트레스가 쌓이게 된다.

그러니까 부지런한 상사는 일단 피하는 게 좋다. 반대로 자신이 상사가 된다면, 누군가에게 일을 시키는 상황이 된다면 적당히 게을러지는 것이 필요하다. 내 기준으로 일을 언제까지 해야 하고, 어떤 과정을 통해서 해야 한다고 생각하는 것이 있어도 강요하면 안 된다. 합리적으로 판단하고, 의견을 구해서 마감을 해야 하고 중간 점검하는 날짜를 정해야 한다. 그리고 일단 일을 주었으면 시시때때로 물어보는 것은 삼가야 한다. 잘 되고 있는 거지? 별 문제는 없지? 등으로 체크는 할 수 있어도 A는 어떻게 됐어? B는 제대로 진행되고 있어? 등 구체적으로 확인하는 건 좀 참자.

누군가와 함께 일한다는 건 언제나 쉬운 일이 아니다. 스타일과 성격이 다르고, 일하는 방식도 다르다. 회사이기 때문에, 상사가 주도권을 쥐고 가는 방향으로 따라가야 하는 것은 당연하다. 앞서 말한 네 가지 상사 유형은 어떻게 보면 일종의 농담 같은 것이다. 영리함과 부지런함만으로 상사를 따져봐야 소용없다. 이외의 수많은 변수가 있다. 마지막 경우만 아니라면 대부분의 상사를 인정할 수 있다. 부지런함을 요구해도 사생활까지 뒤흔들지 않는다면 어느 정도는 따라가 줄 수 있다. 그것이 직장 생활의 기본이다.

제일 중요한 것은 내가 틀릴 수도 있다고 늘 생각하는 것이다. 어떤 결정을 하고 나아가다가 오류이거나 상황이 바뀌었다고 생각하면 인정하고 바로 방향을 바꿔야 한다. 그런데 절대 자신의 오류를 인정하지 않는 사람들이 있다. 과거 자신의 선택에 대해 일언반구 없이 새로운 결정을 내려서 가는 타입은 그나마 낫다고 할 수 있다. 그나마 빠르게 다른 길로 갈 수 있으니까.

"누구나 자신만은 과오를 범하지 않는다고 믿으며, 업이 업을 낳고 슬픔이 슬픔을 낳는 굴레에서 벗어나지 못한다."

최악은 잘못된 결정임을 알면서도 인정하고 싶지 않아서 시간을 질질 끄는 사람이다. 의외로 이런 사람들이 세상에 많다. 회사나 조직에도 많다. 일은 제대로 진행되지 않고, 아무런 책임도 지지 않으면서 버티기만 한다. 이런 유형인 최악의 상사를 만나 일을 하게 되면 때로는 도망치는 게 최선일 때가 있다. 2, 3년 정도 버티다가 다른 부서로 갈 수 있다면 참을 수도 있지만, 그럴 가능성이 10년까지도 불투명하다면….
퇴사는 Sooner is better, 아니 ASAP다.

그러니까 생각해보자. 지금 나는 누구와 일하고 있는지. 나는 어떤 상사인지. 팀원이나 후배들에게 나의 '진리'를 강요하고 있는 건 아닌지. 업이 업을 낳는다는 말처럼, 타인의 과오는 잘 보면서도 내가 그대로 악업을 따라 하는 경우가 꽤 있으니까.

회사에서 내 사람, 몇 명이나
있어야 할까?

> 세상 사람들은 다 비웃을 거야. 상관없어.
> 하늘은 비웃지 않아. 〈배가본드〉

운은 어떻게 오는 걸까? 결국 내가 알고 있는 누군가를 통해, 나를 아는 누군가를 통해 찾아온다. 친분만으로 모든 것이 이루어지는 사회는 썩었지만, 같이 일할 사람을 찾는다고 했을 때 아무런 정보도 없이 연락할 순 없다. 나의 작업, 창조물이 힘 있는 자에게 발견되고, 그의 마음을 끌어당겼을 때 가능하다. 그렇지 않다면 나의 실력을 세상에 알리기 위해 SNS에 올리는 등 불특정 다수에게라도 알리기 위한 많은 노력을 기울여야 한다.

회사에서도 나의 진가를 알아봐주는 사람이 필요하다. 꼭 진가가 아니어도 좋다. 당신을 인정해주는 상사, 동료, 후배 누구든 상관없다. 당신의 실력을 제대로 평가하고 언제든 우군이 되어줄 사람이 필요하다. 혹은 그런 사람이 거래처에 있을 수도 있다. 직장이 엉망진창이라 내부에는 믿을 사람이 잘 보이지 않을 수 있다. 그런 직장이면 기회가 될 때 박차고 나가면 되는 것이고, 대신에 나의 실력을 인정해줄 누군가를 어딘가에서 찾아야 한다. 내부가 아니라면 외부에서. 그들은 내가 혼자 섰을 때 나의 평판을 지켜줄 사람이 될 수 있다. 그렇기 때문에 직장이 엉망이어도, 나의 일은 엉망으로 만들지 말아야 한다.

다만 〈배가본드〉의 대사처럼 "세상 사람들은 다 비웃을 거야. 상관없어. 하늘은 비웃지 않아"의 상황이 되면 좀 곤란하다. 하늘은 나를 평가해주지 않는다. 죽고 나면 어쩔지 모르겠으나 적어도 현생에서는 아니다. 하늘은 그냥 하늘일 뿐이고 가끔 바라봐줄 뿐이지. 평가를 받는다면 결국은 세상사람 중 누군가에게 받아야 한다. 하지만 모두는 아니다. 다수가 될 필요도 없다. 그렇다면 몇 명 정도가 필요할까?

누구는 말한다. 나를 제대로 평가해주는 사람이 여섯 명만 있으면 충분하다고. 누구는 또 말한다. 내가 어떤 상황이 되어도 믿어줄 단 세 명만 있으면 족하다고. 사람들마다 필요한 숫자는 다를 수 있다. 간단하게 말하면, 많으면 많을수록 좋지만 그렇다고 만인에게 좋은 사람이 될 필요는 없다. 동시에 소수에게 확실하게 나라는 존재의 가치를 보여주어야만 한다. 그러기 위해 반드시 필요한 것은, 나의 능력만이 아니라 신뢰다.

신뢰를 쌓기 위해서는 무엇이 필요할까? 정치력이 좋고, 아부에 능하다면 필요한 이에게 계속 잘해주면 된다. 그에게서 받을 수 있는 것이 있다면 성심성의껏 평소에 잘해주면 된다. 다만 그런 정치력 역시 타고난 능력이다. 나는 그런 능력이 아예 제로에 가깝다. 유명하거나 힘 있는 사람이라면 내가 오히려 거리를 둔다. 뭔가 피해를 주거나 귀찮게 하고 싶지 않아서. 내

1화뿐일지 몰라도 아직 끝은 아니야

가 원하는 것 때문에 잘한다는 생각이 들면 나 자신이 불편하니까.

내가 신뢰를 쌓는 방법은 따로 있다. 그가 위기에 몰렸거나 추락했을 때 변함없이 대하는 것. 인간은 자신이 약해졌을 때 타인의 진정한 모습을 보게 된다고 한다. 권력자가 자리에서 물러나면 찾아오는 사람이 기하급수적으로 줄어든다. 힘이 있으니까 사람들이 찾은 것이지, 자리에서 물러난 권력자는 더 이상 이용 가치가 없으니까. 자신이 힘들 때 도와준 사람은 잊기 힘들다. 그것이야말로 어떤 이익을 바라는 것이 아니라 그 사람을 생각해서 도와주는 것이니까. 언젠가 잘될 것이라고 믿으면서 도와준 것이라면 그런 통찰 역시 대단한 것이니 좋다. 간혹 어려울 때 도와준 사람을 헌신짝처럼 버리고 배신하는 이들도 있기는 하지만 애초에 그들은 글러먹었으니 싹- 잊는 게 좋다.

그리고 나의 이익이 걸려 있을 때 절대적이지 않다면 가급적 양보하는 것. 쉽지 않다…. 당장 이익이 있으면 그것을 취하고 싶은 게 인간의 본능이다. 이익을 위해 움직인다고 해서 비난하는 건 단선적이다. 다만 언제나 이익을 취하려 애쓴다면 이기적이고 탐욕스러운 인간으로 평가되기 쉽다. 그러니 작은 이익들은 되도록 양보하는 게 좋다. 사실 작은 이익은 매번 챙겨봐야 그리 큰 성과로 남지도 못한다. 작게 많이 양보하고 한 번에 크게 챙기는 게 낫지. 그리고 평판도 좋아진다. 어쨌든 욕심으로 뭔가를 쑤시고 다니는 이미지는 절대로 생기지 않으니까.

그렇게 만들어낸 '나의 사람' 세 명만 있으면 세상을 살아갈 수 있다. 세 명으로만 만족한다는 게 아니라 최소 세 명이 있으면 무너지지 않고 나아갈 수 있다는 의미다. 그러면 내가 어떤 위기에 몰려도, 다시 그들을 시작으로 일어설 수 있다. 그것만으로 충분하다.

1화뿐일지 몰라도 아직 끝은 아니야

가장 힘들게 퇴사한 썰

> 죽으러 가는 게 아니야. 내가 살아있는지
> 어떤지 확인하러 가는 거야.
> 〈카우보이 비밥〉

퇴사를 몇 번 했는지 세 봤다. 작은 매체에서 두 번, 〈씨네21〉에서 세 번, 두 번은 매체가 사라진 경우고, 영화제는 직장이라 하기에는 고용조건이 이상했고. 망한 것을 포함하면 일곱, 여덟 번 정도는 되는 것 같다. 미약하게 발을 걸치고 있던 회사나 조직에서 그만둔 것을 따지면 열 번을 훨씬 넘어가겠지만.

그중에서 가장 힘들었던 퇴사를 생각해봤다. 구체적으로 어디였는지를 밝히고 싶은 생각은 없지만, 정황을 자세하게 말할 수는 있다. 대부분의 퇴직은 매체가 망하거나 힘들어지면서 그만두거나 개인적인 계획이 있어서 그만두었지만, 이 경우는 달랐다. 아주 복잡하면서도 미묘한 상황, 감정이 얽혀 있었다.

먼저 개인적인 일이 터졌다. 사적으로 처리할 수밖에 없는 사건이었는데, 내가 잘못한 건 아니었다. 그리고 가까운 이들과 함께 해결할 수밖에 없는 일이었다. 상당히 힘들었다. 한 3개월 이상을 끌면서 복잡한 상황이 이어졌는데 거의 잠을 잘 수가 없었다. 가슴 속에 화가 들끓어 도저히 잠이 오지 않았다. 한 달 정도 버티다가, 내가 맡고 있던 팀에서 가장 경력이 많은 후배에게 이야기했다. 솔직하게 개인적인 상황을 털어놓았다. 내가 이런 문제가 생겼다. 지금 도저히 회사 일에 집중을 할 수가 없다. 일을 소홀히 하는 경우가 생길 텐데, 도와달라고. 그리고 사장에게도 똑같이 이야기하면서 양해를 부탁했다.

그리고 두어 달 정말 지옥 같은 시간이 흘렀다. 어느 정도 문제가 정리되고 나서 사장하고 면담을 했는데, 한 달 정도만 휴직을 하고 싶다고 요청할 생각이

1화뿐일지 몰라도 아직 끝은 아니야

었다. 그런데 사장이 다른 이야기를 꺼냈다. 다른 직원들이, 내가 일을 소홀히 한다고 불만이 많다는 말을…. 미리 어떤 상황인지 이야기했고, 양해를 부탁하지 않았느냐고 말했다. 그러자 내가 도와달라고 부탁했던 후배가 다른 직원들에게 내가 일을 하지 않아서 너무 힘들다고 호소하고 다녔다는 것이었다. 내가 이미 후배에게 상황을 전달했고 도움을 요청했다고 이야기하자, 사장은 자기는 모른다고 빠져나갔다.

완전히 배신을 당했고, 등에 칼을 맞았다는 생각에 화가 치밀었다. 이전에 다 이야기를 했는데도 책임을 회피하려는 사장이 싫었고, 도와달라 부탁했고 알겠다고 답한 후에 화끈하게 배신해버린 후배도 싫었다. 그 후배에게 이야기를 듣고 사장에게 불만을 말했다는 다른 후배들도 싫었다. 처음에는 다 불러서 이야기를 하자고 했는데 사장이 안 하겠다고 했다. 조금 더 이야기를 하다가 다 귀찮아져서 그만두겠다고 했다. 인간들 꼴도 보기 싫었다. 아무런 계획도 없었지만, 더 이상 그들과 말을 섞기도 귀찮았다. 맡고 있던 팀의 후배들에게만 그만둔다고 하고 나왔다.

"죽으러 가는 게 아니야. 내가 살아 있는지 어떤지 확인하러 가는 거야."

당시의 나는 죽어 있었다. 몸도 마음도 다 망가져 있었다. 한 달 휴직을 원했던 이유는 정말 쉬어야 했기 때문이다. 그런데 다시 해일이 밀어닥쳤다. 나쁜 일은 겹쳐서 온다는 말이 맞았다. 사적인 일로 지옥을 지나왔더니, 공적인 일에서 두 번째 지옥이 기다리고 있었다. 싸우기도 귀찮았다. 감정적으로는 싸우기를 원했으나 이전의 상황 때문에 내 감정은 이미 소진되어 있었다. 더 감정을 터트리고 끌어내다가는 스스로 망가질 것 같았다.

회사가 망해서 어쩔 수 없이 그만두게 되는 상황도 힘들었지만 이 퇴사가 가장 상처가 컸다. 회사가 망한 것은 불가항력도 있다. 나는 열심히 했지만 여러 가지 상황과 외부 요인 때문에 망하는 것은 어쩔 수 없으니까. 어쩔 수 없는 것에 너무 마음을 쓰면, 다친다. 태풍이 오면 지나갈 때까지 피하는 것이 제일 좋

1화뿐일지 몰라도 아직 끝은 아니야

다. 태풍을 즐긴다 해도 나가서 잠깐 비바람을 맞고 기분전환 하는 정도로만 해야 한다. 태풍에 맞서는 것은 어리석다.

가장 상처가 된 일은 아무래도 배신이었을 것이다. 도움을 청했다가, 그 약점 때문에 모든 이에게 공격을 받는 상황이 되었으니까. 그때는 정말 화가 났지만 좋은 경험이 되었다. 결국은 내가 해결해야 한다는 것. 나의 상황을 다른 사람에게 맡겨서 컨트롤하거나 책임지게 하는 것은 피해야 한다는 것. 정확하게 상황을 이야기하고, 처음에 사장에게 요청해서 휴직을 했어야 했다. 편법으로 문제점을 메워나갈 수 있을 것이라고 판단한 것이 어리석었다.

하지만 그 퇴사를 통해 사람을 믿지 못하게 된 것은 아니었다. 오히려 반대가 되었다. 내가 감당할 수 없는 일은 요구하지 않게 되었다. 이전보다는 수월하게 지인들에게 도움도 요청하고, 때로는 요구사항도 말하게 되었다. 누군가가 주는 도움이나 선의도 기꺼이 받아들이게 되었다. 이전에는 기브 앤 테이크라고 생각해 받는 것도 꺼려했는데, 지금은 기꺼이 받고, 기꺼이 준다. 주고받는 것은 반드시 1대 1이 아니다. 내가 당신에게 받았어도, 내가 누군가에게 무엇인가를 또 주면 된다. 당신과 나 사이에는 불공평할 수도 있겠지만, 세계 전체로 본다면 공평하다. 내가 무엇을 주어도 그가 나에게 되돌려줄 필요는 없다. 그도 줄 수 있는 여력이 있을 때 누군가에게 주면 되는 것이고.

믿음과 신뢰가 무산되었을 때 내가 무엇을 할지 미리 예측하게 되었다. 감당할 수 없는 상황이 도래할 것 같으면 하지 않는다. 이를테면 돈을 빌려줄 때도, 그가 돌려주지 않아도 나에게 결정적인 부담이 되지 않을 정도로 빌려준다. 만약 돈을 안 갚아서 내가 너무 곤란해지면 그를 미워하게 될 것이고, 관계도 엉망진창이 될 테니까. 그럴 정도의 큰돈은 빌려주지 않는다. 조금씩 빌려주다가 이제 한도를 넘었다 싶으면 정확하게 이야기한다. 더는 힘들다고.

결국은 내가 살아 있는 것이 제일 중요하다. 퇴사를 하는 것은 내가 살아남기 위한 시도다. 더 좋은 길이 있을 것 같다면 당연히 가야 한다. 그것은 퇴사가 아니라 전직이고 어쩌면 영전일 수도 있다. 어떤 퇴직은 그저 내가 살아 있음을 확인하기 위한 시도이기도 하다. 조직에 계속 있으면 감정에 휩싸여 내가 망가질 것 같아서, 좀비처럼 그냥 떠돌고 반복적인 일만 할 것 같아서 그만두는 것이다. 퇴사는 죽음이 아니라 살기 위한 도전이다.

남들과 다른 방식의 삶이란 그만큼 어려운
것이란다. 실패할 때 남 탓을 할 수 없으니까.
〈귀를 기울이면〉

회사에서 돼지가 되어버리는 사람들

날지 않는 돼지는 평범한 돼지일 뿐이야.
〈붉은 돼지〉

애니메이션 〈붉은 돼지〉는 아이들이 보기에는 약간 낯설다. 주인공은 돼지. 은유나 별명이 아니라 진짜 돼지다. 과거를 완전히 단절하고, 돼지의 모습이 되어 살아가는 중년의 남자 파일럿. 그는 과거에 무엇을 했고, 앞으로 무엇을 할 생각일까?

〈센과 치히로의 행방불명〉에서 폐허가 된 테마파크에 들어간 치히로는 부모님이 돼지로 변해버린 모습을 본다. 노점에 있는 음식들을 마구 먹어버린 벌이었다.

미야자키 하야오의 애니메이션에 등장하는 돼지는 탐욕스럽고 반성이 없는 기성세대로 그려진다. 먹지 말아야 할 것, 타인의 소유를 마구잡이로 포식한 결과가 그들을 무식하고 예의 없는 돼지로 만든다. 자신이 누구인지도, 우리는 어떻게 세계의 일부로서 살아가야 하는지도 성찰하지 않는다. 무조건 먹고 마시고 앞으로만 나아가려는 돼지들이 지배하는 사회는 염치가 없고 폭력적이다.

미야자키 하야오는 〈붉은 돼지〉를 통해 기성세대가 무엇을 해야 하는지 보여준다. 방법은 하나다. 과거에 한 짓을 부끄러워하면서, 젊은 세대의 길을 열어줘야만 한다는 것.

애니메이션 속에서 돼지로 변해버린 기성세대의 모습은 단지 은유가 아니다. 회사를 다니면서 실제로 돼지가 되어버리는 경우가 꽤 있다. 자신이 가진 권력을 절대 놓지 않으려고 아등바등하고, 젊은 세대에게 권한을 나눠주기는커녕 모든 것을 자신들의 방식으로만 움직이려는 꼰대들. 지나치게 나이와 근속연수

1화뿐일지 몰라도 아직 끝은 아니야

에 따른 위계질서가 강력하고, 상사에게 절대적 복종을 해야 하는 분위기의 회사라면 꼰대의 해악이 극심할 수밖에 없다. K팝이 인기를 끌면서 한국문화가 서구에 알려지는 와중에 '꼰대'라는 단어는 '자신이 항상 옳다고 믿는 나이 많은 사람(다른 사람은 늘 잘못됐다고 여김)', '거들먹거리는 노인'이라는 의미로 〈이코노미스트〉〈BBC〉 등에 소개되기도 했다.

기성세대가 권력을 놓지 않고 오랜 시간을 버티면 무슨 일이 생길까? 고인 물은 점점 썩을 수밖에 없다. 잡지를 만들면 편집장이 최고의 권력을 갖는다. 잘나가는 잡지라면 대단한 권력이 된다. 외부에서 인정해주는 것만이 아니라 그럴듯한 행사에 초청되고 다양한 일이 들어온다. 유명해지면서 외부 수입도 짭짤하다. 편집장에서 물러나도 그런 권력을 누릴 수 있을까? 편집장은 아니어도 못지않은 권력을 계속 누리고 싶다면 전문성을 키워야 한다. 매체의 편집장으로서 외부 일을 맡는 것이 아니라 개인의 전문적인 능력을 높이 사서 부르게 만들어야 한다. 하지만 그런 경우는 많지 않다.

권력을 탐하다 보면 가끔 무리수도 생긴다. 한 매체의 편집장은 10년 넘게 편집장을 하다가 이사로 승진하면 물러나겠다고 주변에 이야기했지만 결정적인 순간에 뒤집었다. 이사를 하면서도 편집장을 사퇴하지 않은 것이다. 기자들 일부가 그만두고 내홍을 겪을 수밖에 없었다. 어떤 매체에서는 편집장이 외부의 일을 너무 많이 하며 맡은 책임을 소홀히 하자 결국 기자들이 들고 일어났다. 결국 편집장에서 물러나고 회사에서도 나가야만 했다. 탐욕이 불러온 참사는 외부로 알려지지 않았을 뿐 종종 있는 일이다.

권력은 탐욕스럽게 빠져드는 중독성이 있을 뿐 아니라 사고를 마비시키는 마취 성분까지 있다. 아무리 현명했던 사람이라도 이성적, 합리적 판단을 제대로 할 수 없게 된다. 잘못을 지적하는 사람을 내치고 듣기 좋은 칭찬만 하는 이를 승진시킨다. 자신이 결정하는 모든 것은 옳고, 비판을 하면 무시하거나 보복을 한다. 문제가 생기면 책임은 모두 실무진에게 돌린다.

1화뿐일지 몰라도 아직 끝은 아니야

내부의 의견은 듣지 않고 외부의 누군가에게 들은 말로 진행되는 정책을 바꾸거나 신설한다. 이런 상사가 있다면 피하는 게 상책이다.

그런데 남의 이야기만이 아니다. 꼰대가 된 상사를 비웃던 이가 승진하면서 같은 행동을 반복하는 경우를 수없이 봤다. 아무리 사소한 권력이라도 일단 완장을 차게 되면 어깨에 힘이 들어가고 군림하려 든다. 이쯤 되면 권력의 속성이 아니라 인간의 본질이 권력을 통해서 발현되는 것이라는 생각이 든다. 모든 인간의 내면에 담겨 있는 야비하고 탐욕스런 본성이 권력이라는 통로를 통해서 악취를 발산하는 것이라고 믿게 된다. 미야자키 하야오가 말하는 '돼지'는 인간의 야비한 본성을 그대로 드러내는 것들을 조롱한다. 우리 모두가 돼지가 될 가능성은 이미 존재한다. 우리의 내면에 있다. 우리에게 필요한 것은, 본성을 자각하고 우리 안의 돼지를 최대한 억제하는 일이다. 자신의 추악함을 인정하고 새로운 세대를 위해 길을 열어주는 것이 필요하다.

때로는 내가 먼저 내려놓고, 그만두는 것이 필요할 수 있다. 오랫동안 권력을 쥐고 비슷한 일을 반복해왔다면 이제는 후배에게 물려줄 때가 되었을 수도 있다. 내가 아니면 아무도 못하는 일은 세상에 없다. 흔히 이야기한다. 다른 사람으로 대체할 수 없는 일을 해야 한다고. 그래야 밀려나지 않고 오래 일할 수 있다고. 그러나 대체 불가능한 일은 세상에 없다. 탁월한 능력을 가지고 있던 이가 아쉽거나 부러울 수는 있다. 하지만 그뿐이다. 세상도, 조직도 변해가는 것이고 새로운 사람이 들어오면 그에 맞게 변화한다. 조직에게 필요한 것은 새로운 사람이 들어왔을 때 유연하게 변할 수 있는 조직이지 한 사람의 특성에 맞게 모든 것을 비정상적으로 뒤트는 돌연변이가 아니다.

내가 돼지라면 스스로 인정하고 날아야 한다. "날지 않는 돼지는 평범한 돼지일 뿐이야." 한 곳에 눌러 앉아 탐욕스럽게 음식을 먹어 치우는 돼지는 세상에 필요 없다. 날아야 한다. 조직에 있을 때도 새로운 것을 찾아 끝없이 움직여야 하고, 다음 세대를 위해서 자리

를 비워줘야만 한다. 그래야만 날아갈 수 있다. 멀리,
내가 바라보는 저곳으로.

누군가가 '됐어'라고 말해주면 좋겠다

> 내가 어른이 되면 누군가가 '됐어'라고
> 말해주면 좋겠다. 아직 안 됐으면 '안 됐어'
> 라고 말해주면 좋겠다. 〈보노보노〉

사회에는 정답이 없다. 뭐가 좋은 길인지 제대로 알기가 힘들다. 지금 열심히 살고는 있는데 과연 잘하는 짓일까? 이렇게 죽 앞으로 나아가기만 하면 되는 것일까? "내가 어른이 되면 누군가가 '됐어'라고 말해주면 좋겠"는데 누구도 진정으로 말해주지 않는다. 누구도 잘 알지 못하니까.

대신 현실에서는 늘 누군가가 나를 평가하려고 한다. 잘하고 있는지, 무엇을 고쳐야 하고 무엇을 배워야 하는지 구체적으로 알려주는 사람은 없고 평가하

1화뿐일지 몰라도 아직 끝은 아니야

려는 사람만 있다면, 사람을 구분해야 한다. 저 사람이 어떤 유형인지, 어떤 급인지 제대로 파악해야 한다. 사회에서 일하다 보면 수많은 사람을 만난다. 사기꾼도 엄청나게 많고, 가끔 사악한 인간도 있고, 나에게 깨달음을 줄 수 있는 이들도 가끔 있다. 시시껄렁한, 자기가 무슨 말을 하는지도 모르는 인간들의 평가는 신경 쓰지 않고 무시해도 된다. 정말 필요한 것은, 어느 정도 전문적인 영역을 확보하고 자신의 일을 성실하게 해나가는 사람들의 평가다. 그들이 나에게 됐어,라고 말하면 믿어도 좋다.

있잖아, 나나.꿈이 이루어지는 것과

행복해지는 건 왜 다른 문제인 걸까?

그걸 아직도 모르겠어.

〈나나〉

회사에서 불편한 사람이 있다면

> 인간이 싫은 게 아닌데. 그 사람들이
> 불편했을 뿐이지. 〈엠마〉

회사를 다니면서 제일 힘든 것은 일이 아니다. 그만 둘까, 생각을 하는 주된 이유는 일보다 사람인 경우가 많다. 일이 싫은 것이라면 선택은 간단하다. 나하고 맞지 않는 일이라면 다른 일을 찾으면 되고, 일은 맞지만 지나치게 과중한 업무에 비해 급여가 적다면 다른 직장을 구하면 된다. 그건 회사를 나가고 싶은 이유라기보다는 일종의 선택일 뿐이다. 하지만 일은 좋은데 사람과 부딪치는 것 때문이라면 좀 곤란해진다.

큰 회사라면 그래도 참을 수 있다. 보통은 인사이동

을 통해서 몇 년마다 다른 부서로 갈 수 있으니까. 꾹 참고 2, 3년만 지나가면 나아질 수 있다는 희망이 있다. 하지만 작은 회사라면 힘들다. 심지어 사장이나 이사가 계속해서 업무나 사생활에 개입하고, 그들 때문에 힘든 일이 많다면 아주 곤란하다. 사장이 바뀔 리는 거의 없으니까.

파벌이나 친분도 있다. 회사에 세 명만 넘으면 파벌이 생긴다는 말이 있다. 짝을 지을 수 있는 숫자가 되면 무조건 가깝고 먼 관계에 따라서 소집단이 생긴다. 충분히 그럴 수 있다. 사람이란 저마다의 성향이 있다. 내향성과 외향성. 완벽하게 한쪽으로만 기울어진 사람은 거의 없지만 기본적인 성향이 있다.

지치고 힘들 때, 친한 사람을 만나거나 클럽을 가거나 왁자지껄하게 술을 마시고 나면 스트레스가 좍 풀리면서 내일의 에너지를 얻는 사람은 외향성이다. 반면 내향성은 반대다. 스트레스를 받으면 무조건 혼자 있어야 한다. 혼자만의 방에서, 혼자만의 휴식을 취하고 나면 다시 밖으로 나갈 힘을 얻는다. 내향성

1화뿐일지 몰라도 아직 끝은 아니야

인 사람을 외향성인 사람이 계속 끌어내리려고 하면 트러블이 생긴다.

말로 설명하기 힘든 껄끄러움도 있다. 딱 꼬집을 수 있는 것은 아닌데 그 사람이 하는 행동이 거슬리고 뭔가 불편하다. 각자의 성향에 따라 맞기도 하고 어색하기도 하다. 흔히 말하는 궁합 같은 것은 엄연히 존재한다. 서로를 용인해주면 좋지만 누군가 자신의 방식대로 끌어들이려고 강제하면 한쪽이 힘들어진다. 회사 내에서라면 힘이 약한 쪽이 끌려간다. 힘들어진다. 권력이 약하거나 관계망이 약한 사람이.

그저 불편한 정도면 괜찮은데 회사에는 노골적으로 권력 다툼을 하는 이들도 있다. 친한 사람들끼리 무리를 이루고, 무리 바깥의 사람들에 대한 험담을 한다. 뭔가 이해관계가 걸려 있거나 유독 밉보인 사람이 있다면 더욱 심해진다. 어떤 회사에 있었을 때는, 후배가 노골적으로 한 선배를 찍어 내보내겠다고 공언하고 다니기도 했다. 후배는 친한 사람들과 확실하게 그룹을 만들어 세를 과시했다. 회사 내의 권력이 있는 사람들에게는 아주 잘 하고 친분을 자랑하기도 했다. 그래서 뜻대로 되었냐고? 세상이 그리 마음먹은 대로만 되는 것은 아니다. 특히 회사라는 것은 또래 집단과는 다른 변수들이 많다.

극단적으로 누구를 내보내고 어쩌고 하는 것은 아니어도 파벌과 무리 지어 은근히 따돌림하는 경우는 많이 있다. 이를테면 자기들끼리만 이야기하고, 밥도 술도 무리 지어 먹기만 하는 것.

그럴 때는 어떻게 하는 것이 좋을까? 가장 일반적인 해결책은 열심히 일을 하는 것이다. 그리고 상사에게 인정받는 것이다. 회사는 이익을 내기 위한 조직이다. 아무리 비열한 짓을 하고 불합리한 결정이 이루어진다 해도 일을 잘하면 인정받을 수밖에 없다. 일을 하면서 신뢰할 수 있는 동료, 상사를 하나씩 만들어가는 것이 필요하다. 단순하게 놀러 다니며 쌓은 친분보다는 일하면서 만들어진 동료애가 훨씬 강한 신뢰에 기반한다. 그리고 쉽게 배신하지 않는다. 이익이 아니라 과정으로 만들어진 관계니까.

1화뿐일지 몰라도 아직 끝은 아니야

그럼에도 결국 관계는 피곤하다. 특히 같은 팀에서 계속 부딪히며 만나는 사람이라면 더욱 불편하다. 신경을 끄고 지나갈 수 있는 성격이라면 좋겠지만 대부분은 그렇지 않다. 누군가 뒤에서 안 좋은 소리를 하고 다니며 슬슬 신경을 긁는데도 편할 사람은 없다. 그렇다고 어떤 사람이 싫어서 회사를 그만둔다는 것도 영~ 내키지 않는다. 그 사람이 내 업무를 사사건건 방해하거나 괴롭히며 해코지한다면 일단 싸움을 받아주고 해결 방법을 찾아야 한다. 그 정도가 아니라면 일단은 내 일을 잘 하고, 친한 사람들과의 유대 관계를 더욱 다지는 방법이 제일 좋다.

그러니까 판단을 해야 한다. 내가 그렇게 힘들어하는 이유는 무엇일까? 단순히 거슬려서? 아니면 연이어 나의 일을 방해하고 문제를 일으키니까? 만약 후자라면 싸우자. 왜 내 이야기를 하느냐고 시비 걸 필요는 없다. 누가 더 필요한 사람인지 회사에 보여주면 된다. 그러니까 최대한 버텨야 한다. 보기 싫은 누군가가 있다고 회사를 그만둘 이유는 절대로 없다. 회사는 일을 하는 곳이고 친목 조직이 아니니까.

하지만 어느 날 갑자기, 그의 존재 자체가 너무 귀찮고 커다랗게 느껴진다면 그만둬도 좋다. 세상도, 인간도 그리 합리적이지 않다. 회사에서 사람보다 일이 중요한 것은 사실이지만, 나의 건강을 해치고 마음을 탁하게 만들 정도로 신경이 쓰인다면 놓아버려도 좋다. 아무리 사소한 것이라도, 굳이 견뎌야 할 이유는 없다. 견뎌야 할 이유가 있다면 버티지만, 아니라면 놓아도 좋다.

죄송해요, 피투성이라

> 죄송해요, 피투성이라. 괜찮아,
> 그래도 돼. 〈파계〉

이 세상에 혼자 남는다면 어떻게 될까? 윌 스미스가 출연했던 〈나는 전설이다〉는 종말 이후 유일하게 살아남은 남자의 기록이다. 바이러스에 감염된 인간이 살아 있기는 하지만 인간이라기보다는 뱀파이어, 좀비에 가까운 종이 된다. 고독과 싸우며 남자는 치료약을 찾기 위해 애쓴다. 이런 장르를 아포칼립스물이라고 한다. 종말 이후의 세계를 그리는 이야기. 종말이후 약육강식의 세계가 되어 처절하게 싸우는 것과 아무도 없는 세계에서 혼자 살아남은 인간 둘 중에 무엇이 더 나을까?

인간은 다른 이들과 어울려 살아갈 수밖에 없다. 조난을 당해 혼자 무인도에 낙오되는 영화 〈캐스트 어웨이〉의 주인공은 배구공을 윌슨이라 부르며 대화를 하고 친구가 된다. 무생물하고라도 대화를 하고 싶어 한다. 아무도 없는 세계는 또 다른 지옥이라고 흔히 생각한다. 그러나 사회생활을 하다 보면 반대의 생각도 들기 마련이다. 드라마로도 만들어진 웹툰의 제목처럼 때로 "타인은 지옥이다." 귀신보다 무서운 것이 사람이라는 말도 자주 듣게 된다.

사회는 기본적으로 다양한 사람들이 어울려 사는 곳이다. 하나의 민족이라고 해도 마찬가지다. 비슷한 점도 있지만 개인은 모두 다르다. 성격이 다르고, 취향이 다르고, 수많은 것이 서로 다르다. 친구끼리 동업하지 말라는 것은 이익이 걸리면 본성이 쉽게 드러나기 때문이고, 동거하지 말라는 것은 생활습관이 다르면 서로 피곤해지기 때문이다. 하나는 지저분할 때 바로 치우고, 하나는 쌓아두었다가 한꺼번에 치우는 성격이라면 보통 싸우게 된다. 늘 한 사람만 치우게 되고, 처음에는 그러려니 하다가 결국은 화를 내게 된다.

때로는 함께 있는 것만으로도 상처를 주고받는다. 소설 〈붕대클럽〉에는 슈퍼의 아줌마들에게 피해를 준 여성의 이야기가 나온다. 동네에서 젊은 여성을 알바로 고용했더니 그녀가 맡은 제품의 매상이 올랐고, 그것을 본 슈퍼 주인은 알바 아줌마들을 내보내고 젊은 여성들을 채용한다. 의도가 없어도, 아무 짓도 하지 않아도 상처를 줄 수가 있다.

나는 아무에게도 상처를 주지 않을 거야. 나는 결백하고 정의로워. 그런 생각보다는 상처를 주고받는다는 것을 인정하는 편이 낫다. 만약에 절대로 아무에게도 상처를 주고받고 싶지 않다면 무인도에서 혼자 사는 수밖에 없다. 사회생활을 하면 어쩔 수 없이 누군가에게 상처를 줄 수 있다. 나도 받을 수 있고. 심지어 내가 모르는, 전혀 접점이 없는 누군가와 상처를 주고받을 수도 있다. 그러니 상처받은 누군가가 있다면 위로해주고, 내가 상처를 받았을 때는 인정하고 누군가에게 도움을 청하는 것이 필요하다. 왜 내가,라고 억울해하는 것은 스스로에게 도움이 안 된다. 당신이 특별한 사람이라서가 아니라 우리 사회 속 누구나 다 상처받을 수밖에 없는 구조이니까.

조직에 있다면 더욱 상처를 주고받을 수밖에 없다. 공동체라고 한다면, 보통은 공통의 이익을 위해 전체가 어울려 사는 곳을 말하지만, 회사는 공동체가 아니다. 회사는 이익을 내기 위해 존재하는 집단이고, 합리적이고 효율적으로 움직인다. 가족은 수입이 줄어들었다고 일원을 내보내지 않지만, 회사는 수익이 줄면 직원을 해고하는 곳이다. 상층의 자리는 한정되어 있기 때문에 동료가 승진하면 나는 제자리에 있어야 한다. 올라가고 싶다면 치열하게 경쟁할 수밖에 없다.

사회생활은 필연적으로 상처를 주고받고, 경쟁하며 서로를 밀어내는 곳이다. 모두가 안전하게 좋은 말을 주고받으며 함께 잘 사는 길이란 거의 존재하지 않는다. 이상적으로 생각한다면 서로 조금씩 양보하는 것이 좋다. 하지만 누가 먼저 양보할 것인가를 따지

1화뿐일지 몰라도 아직 끝은 아니야

고, 자신은 특별대우를 받아야 한다고 말하는 사람들이 꼭 있다. 내가 먼저 양보하는 것이 제일 좋지만, 정신적으로 물질적으로 여유가 없다면 양보하기 쉽지 않다. 한정된 자원과 이익을 많은 사람들이 경쟁하며 매달리면 점점 각박해질 수밖에 없다. 결국 모두가 피투성이가 되어버린다.

상처받는 것은 아프기 때문에 누구나 싫어한다. 그럼 상처를 주는 것은 좋을까? 절대 그렇지 않다. 상처 주기를 두려워하는 이들도 많다. 상처를 주면 자신이 나쁜 사람이 될 것 같아 피할 수도 있고, 상처를 주고 이후에 벌어지는 상황을 감당하기 싫어 도망칠 수도 있다. 그냥 모든 것이 내키지 않을 수도 있다. 하지만 사회생활을 하다 보면 싸워야 할 때도 있다. 상처를 주는 것이 목적이 아니라, 뭔가를 위해 싸워야만 하는 순간이 오면 그것을 받아들여야만 한다. 나의 명예일 수도 있고, 조직의 정의를 위해서일 수도 있고, 뭔가 싸워서 증명해야 하는 것일 수도 있다. 그때 피하면 결국은 상처만이 남는다. 나만 피투성이가 된다.

"죄송해요, 피투성이라."

"괜찮아, 그래도 돼."

피투성이가 된 것은 부끄러운 일이 아니다. 남을 공격했기 때문에 피투성이가 되는 것도, 내가 약하기 때문에 피투성이가 되는 것도 아니다. 살아간다는 것은 결국 상처를 주고받으며 피투성이가 된다는 의미다. 한쪽으로 지나치게 치우치지만 않으면 된다. 너무 상처를 주고 사는 삶은 당신을 공허하게 만들 수 있다. 스스로를 외면하고, 눈앞에 보이는 이익과 목적에만 매달리게 할 것이다. 반면 너무 상처를 받는 삶은 당신을 파멸시킬 수 있다. 분노와 좌절감으로 결국 도망치게 될 테니까. 어느 쪽도 좋지 않다. 그러니 적당히 상처를 주고받자. 피하지도 말고, 매달리지도 말고 적당히 피투성이가 되어 살아가자.

1화뿐일지 몰라도 아직 끝은 아니야

슈퍼스타 없이도 강한 팀

> 나는 팀의 주역이 아니라도 좋다.
> 〈슬램덩크〉

〈슬램덩크〉는 팀의 이야기다. 주인공은 강백호처럼 보인다. 천하의 말썽쟁이가 우연히 농구에 매력을 느끼고 훈련을 시작한다. 아니 팀에 들어가는 과정부터 난이도가 높다. 팀의 일원 그리고 주전(핵심 인력)이 된다는 건 결코 쉬운 일이 아니다. 점프력과 파워 등 신체적인 능력이 탁월한 강백호는 어떻게 성장할까? 설정만 들으면 아주 많이 보고 들은 영웅 스토리다. 그렇게 조금씩 성장하면서 라이벌들을 물리치고 최강이 되겠지.

그런데 〈슬램덩크〉를 보다 보면 자꾸 시선이 옆으로 향한다. 누구는 천재 서태웅이고, 누구는 한때 농구를 버렸던 정대만이고. 심지어 다른 팀의 선수에게도 끌린다. 모든 인물이 매력적인 것은 뛰어난 작품의 기본 요소이지만 〈슬램덩크〉의 탁월한 점은 강백호, 서태웅, 정대만, 채치수 등이 모여서 하나의 팀을 이룬다는 것이다. 최강의 팀은 아니지만 잠재력이 있는, 그리고 어디로 뻗어갈지 누구도 예상할 수 없는 드라마틱한 팀. 그래서 〈슬램덩크〉의 주인공은 강백호가 아니라 그가 속해 있는 북산이다. 북산 고등학교의 농구팀.

팀이 먼저인가, 개인이 먼저인가. 해묵은 논쟁이다. 그리고 쓸모가 없다. 누가 우선이든 잘하기만 하면 된다. 그런데 묘한 것이 있다. 잘하기 위해서 좋은 선수를 모은다고 해서 최강이 되는 것은 아니다. 반대로 지명도가 낮은, 아직 눈에 띄는 활약을 하지 못했던 선수들이 한 팀이 되어서 탁월한 성적을 올리기도 한다. 대체 뭐가 문제일까? 무엇이 결정적인 요소일까?

브래드 피트가 주인공인 〈머니볼〉이라는 야구 영화가 있다. 메이저리그에 진출했지만 좋은 성적을 올리지 못했던 빌리 빈은 오클랜드 어슬레틱스라는 약체팀의 단장을 맡아 새로운 시도를 한다. 스타 선수, 유망주 등 누구에게나 보이는 좋은 자원을 끌어모으고 활용하는 것이 아니라 단점과 장점이 확실한 선수, 잠재력이 있지만 아직 증명하지 못한 선수들을 적재적소에 배치하면서 시즌 1위를 기록한다. 최고의 선수들을 모은 양키스보다 좋은 성적을 올린 오클랜드 어슬레틱스의 선전으로 기록과 통계를 적극 활용하는 세이버매트릭스가 화제를 모으게 되고, 빌리 빈은 최고의 단장으로 칭송받는다.

〈슬램덩크〉와 〈머니볼〉. 허구와 사실로 나뉘지만, 둘 다 팀의 이야기를 담고 있다. 어떻게 팀은 강해지는가? 어떻게 강해질 수 있는가? 서로 다른 개성과 실력을 가진 선수들이 모인 팀은 어떻게 성장하고 최강이될 수 있는가? 슈퍼스타 없이도 강한 팀은 만들어질수 있는가? 쉽지 않은 일이다. 특히 농구같이 개인의 영향력이 압도적인 종목에서는 조화와 단결만으로 좋은 성적을 내기 힘들다. 그럼에도 분명한 사실은 있다. 아무리 뛰어난 개인이 있어도, 혼자만의 힘으로는 팀을 최강으로 만들 수 없다는 것.

스포츠물이나 액션물 그리고 슈퍼히어로물 등을 보면 규칙을 어기고 자기 맘대로 행동하는 영웅을 멋지게 그리는 경우가 많다. 그들에게는 뛰어난 능력이 있기 때문에 제멋대로 행동하고, 그러다 낭패에 빠진다. 하지만 반성하며 팀을 위기에서 구출한다. 언뜻 보기에는 망나니가 집단, 동료의 중요함을 깨닫고 하나가 되는 이야기로 보이지만 사실은 특별한 개인의 일탈을 묵인하는 것이다. 영웅이니까, 거장이니까 그런 일탈 정도는 저지를 수 있는 것이지. 개인이 모든 것을 바꾸고, 새로운 것을 창조한다는 신화는 미국이 만들어낸 것이고 소수에게 부를 집중시키는 결과를 가져왔다.

결코 아니다. 조직에 들어간다면 일단은 룰을 지켜야 한다. 리더는 중요하지만, 모든 것을 실행하는 것

1화뿐일지 몰라도 아직 끝은 아니야

은 그가 만들어낸 팀이다. 빌리 빈이 팀을 만들었지만, 지시에 따르는 감독과 선수들이 없다면 오클랜드의 우승은 불가능하다. 강백호가 탁월하다고 해서 갑자기 팀이 우승할 수 있는 것은 아니다. 우리는 모두가 자유로운 개인이지만, 팀에 들어가면 구성원의 하나로서 동일한 목표를 지닌다. 나의 자유가 아니라 팀의 목적 달성이다. 회사도 마찬가지다.

자아 성취를 원한다면 자신이 좋아하는 일을, 자신이 만들어서 해야 한다. 회사에 들어가서는 전체의 목표를 위해 달려야 한다. 강백호가 혼자 골을 넣을 수는 있지만 팀이 이기기 위해서 패스를 해야 하는 것처럼. "나는 팀의 주역이 아니라도 좋다"라는 마음이 분명하게 있어야 한다. 우승을 한다면, 내가 중심이 아니어도 좋다. 그런 자의식이 필요하다.

'돈이 없지 가오가 없냐'라는 생각의
유효기간

> 나는 풍요로웠어. 혼자였으니까,
> 고립되어 있었으니까. 〈무뢰전 가이〉

    나는 사람을 만나는 것이 늘 어려웠다. 쉽게 친해지지 못했고, 호감이 있어도 먼저 다가가지 못했다. 그런 주제에 기자를 하겠다고 했으니 참 희한한 일이다.

    기자의 일 중에서 많은 비중을 차지하는 것은 사람이다. 기사를 쓰기 위해서는 많은 정보가 있어야 한다. 필요한 정보를 얻어내기 위해서는 일단 특정한 정보를 알 만한 사람이 누구인지 파악해야 한다. 그것을 알아내기 위해선, 또다시 누군가에게 연락하거나 미리 관계가 있어야 한다. 주소록에 얼마나 많은 사람의 연락처가 있고, 그들과 얼마나 친밀한지가 중요하다. 친하지도 않은데 중요하고 민감한 정보를 주는 사람은 없다.

나는 어설픈 인간이었다. 기자를 하면서 취재원에게 정공법으로 가야 한다고 생각했다. 필요한 정보라면 직접 물어보고 얻기. 안 되면 다른 루트로 접근해서 얻기. 즉, 사적인 관계로 무엇인가를 얻어내거나 하는 방법은 피해야 한다고 생각했다.

당시 내가 믿었던 가치는 단 하나였다. 기자는 기사로 승부하면 된다는 것. 기사를 제대로 잘 쓰는 것은 당연한 일이고 절대로 외부의 무엇인가에 흔들리면 안 된다고 생각했다. 즉 친하다고 해서 비판을 덜 한다거나, 사실을 숨겨준다거나 하는 편파적인 행동을 하면 안 된다고 믿었다. 하지만 현실에서 과연 가능한 일일까? 가족의 일이라면, 절친한 친구의 일이라면 흔들릴 수밖에 없다.

그래서 나는 일을 할 때 만나는 사람과 거리를 유지하기로 했다. 다른 이유도 있기는 했지만, 반드시 필

요한 자리 이외에는 가지 않고 사적인 만남도 하지 않
겠다고 생각했다. 취재처의 담당과 밥을 먹거나 술 한
번 정도는 먹을 수 있지만 정기적이거나 자주 보지는
않는다. 제작자나 감독 등과도 사적으로 만나지 않는
다. 그런 식으로 선을 그었다.

실제로 위험한 혹은 곤란한 경우도 있었다. 감독으
로 데뷔하기 전 친하게 지낸 사람이 있었다. 취향도
잘 맞아서 이야기도 자주 했다. 그의 데뷔작 시사회
때 가서 봤는데 전체적으로 아쉬웠다. 전체적인 설정
은 좋았는데 지루하고 마무리가 약했다. 연재를 하던
매체에 짧은 리뷰를 썼다. 내가 생각하기에는 정말 신
중하게 단어를 고르고, 뉘앙스도 고려하면서 썼다. 장
점에 대해서도 많이 이야기했고, 어떤 점이 문제인지
에 대해서는 나름 순화해서 평가했다. 그런데 문자가
왔다. 심한 것 아니냐고. 나도 뭐라고 답을 하기는 했
는데 뭐라 말하기가 애매했다. 그리고 관계가 서먹해
졌다.

기사를 쓰면서, 내가 부족해서 허접한 경우는 있

을 수 있다. 그건 내가 공부를 더 하거나, 취재를 더 해서 메워야 할 문제다. 하지만 내 생각과 다른 것을 말하고 싶지는 않았다. 지금이라면 조금 더 유연할 수는 있을 것 같다. 단점을 쓰더라도, 장점을 조금 더 부각하고 덧붙이는 정도로 할 수도 있다. 아마도 과거에는 내가 더 딱딱했고, 글을 쓰는 스킬도 미숙했기에 벌어진 일이라고 생각한다. 그럼에도 원칙은 하나다. 거짓말은 하지 않는다. 거짓말을 해야 한다면 차라리 글을 안 쓰고 말지. 친한 감독의 영화를 보고 나서 아주 별로라면 봤다는 사실 자체를 감춘다. 아쉬우면 장점을 위주로 이야기한다.

어쨌거나 그렇게 10년이 훌쩍 넘게 기자 생활을 했다. 영화 기자를 10년 이상 하고서도 정작 현업에 있을 때는 친하게 지낸 영화인이 거의 없었다. 문화 매거진 〈브뤼트〉를 만들고, 만화리뷰웹진 〈에이코믹스〉를 만들면서 오히려 친하게 지내는 영화 PD, 감독이 많아졌다. 개인적으로 만나 술도 마시고, 모임도 갖고 한다.

'영화를 보고, 분석을 하고 평가를 하며, 나의 글을 쓰면 된다'는 원칙. 사람과 가까워지면서도 철저하게 원칙을 지킬 수 있을 것인가 자문해본다. 가능은 하다. 그러기 위해서는 반드시, 나 홀로 설 수 있어야 한다. 세상 모든 것에서 고립되어도 나 혼자 살 수 있다고 확신해야 한다. 그래야만 관계에서 흔들리지 않을 수 있다. 아니 흔들려도 중심을 잃지 않을 수 있다.

보통 마흔 정도의 나이가 되면 사람이 확 변하는 경우가 많다. 변한다기보다는 본성을 드러낸다. 30대까지는 내가 원하는 대로 좌충우돌할 수 있다고 생각한다. 30대 후반, 40대 초반으로 가면 두려워진다. 이러다 완전히 고립되는 것 아닐까? 비주류의 길을 혼자 걸어가야만 하는 상황을 내가 감당할 수 있을까? 미래가 두렵고, 자신이 없어지면 어딘가 집단에 들어가거나, 권력을 가진 사람에게 잘 보이고 옆에 붙어 있으려 한다. 소위 말하는 '내가 돈이 없지 가오가 없냐'의 정신은 마흔이 넘으면서 급격히 바랜다.

사회생활은 사람들과 같이 어울리면서 하는 것이

다. 하지만 모든 사람과 잘 지내는 것은 불가능하다. 그래야 할 이유도 없다. 성향이 맞고, 서로를 존중하는 사람이 아니라면 잘 지내야 할 이유도 굳이 없다. 이 사람은 권력이 있으니까, 이 사람은 언젠가 내가 도움을 받을 수 있으니까 등등으로 사람을 가까이 할 이유는 더더욱 없다. 그런 정치적인 관계들을 이용하면서, 자신의 이익을 위해 약삭빠르게 움직이는 사람들도 많이 있다. 하지만 그런 능력이 아무에게나 있는 것도 아니다. 그런 능력이 없는데, 무리하게 정치적인 인간이 되려고 애쓰는 것도 측은한 일이다.

나 혼자의 힘으로 생존할 수 있다는 믿음은 현실적인 능력이나 돈에서 나온다. 자신을 강하게 만드는 물적인 기반을 갖추고 있다면, 고립을 두려워할 이유가 없다. 그러니 냉정하게 이야기하면, 결국 경제적 자립을 이루는 게 기본이다. 자아실현 이전에 자립. 그래야만 고립되어도 정신적으로 풍요로울 수 있다.

내가 프리랜서를 택한 이유

> 눈앞에 가능성이 있으니까 시험해봤다.
> 아무리 그게 금기라는 걸 알고 있어도
> 시험해보지 않을 수 없었다.
> 〈강철의 연금술사〉

아직 마흔도 안 되었을 때 회사를 나간 후 활로를 고민하게 된 이유는 업종의 특이성 때문이었다. 잡지사에서는 기자로 일을 한다. 기자로 일을 오래 하면 팀장이 되고, 가끔 편집차장을 거치기도 하면서 최종적으로는 편집장이 된다. 편집장을 하고 나면 무엇을 할 수 있을까. 큰 회사는 이사로 남기도 하고, 간혹 사장이 되기도 한다. 아니면 광고와 영업 등 다른 부서로 옮기거나 그만둬야 한다. 광고와 영업 등은 기사를 쓰고, 잡지를 만드는 일과는 거리가 멀다. 나는 글을 쓰고 매체를 만드는 것 외에는 딱히 하고 싶지 않았다. 경영과 마케팅도 내가 할 일은 아니라고 당시에는 생각했다. (나중에는 생각이 바뀌었다.)

한국에는 전문기자라는 포지션이 거의 없었다. 연수에 따른 서열이 크게 중요하지 않은 외국에는 나이 어린 혹은 입사 후배가 편집장을 해도 기자로 남아 있는 경우가 꽤 있다. 전문적인 영역을 가지고 있으며 실력을 인정받는다면 그것만으로도 평생 기자로 일하며 남아 있는 것이 가능하다. 전문기자를 인정하는 이유는 취재와 편집이라는 영역의 전문성을 정확하게 파악하기 때문이다.

취재 기자는 인터뷰를 하고 정보를 모으고 기사를 쓰는 일을 한다. 얼마나 다양하고 깊은 정보를 잘 모을 수 있는지, 자신의 방향성을 일관되게 밀고 나가면서 사실을 종합할 수 있는지가 중요하다. 그리고 완성된 기사로서 인정을 받는다.

편집장이 하는 일은 전체를 보는 것이다. 우리 매체에 어떤 기사가 필요하고, 어떤 기자에게 특정한 기사를 받거나 쓰게 할 것인지 결정해야 한다. 하나의 기사만이 아니라 잡지 전체의 정체성과 흐름도 판단해야 한다. 장기적인 전망도 봐야 하고. 그렇기에 뛰어난 기자라고 반드시 탁월한 편집장이 되는 것은 아니다. 스포츠도 마찬가지다. 최고의 선수가 최고의 감독이 되는 경우는 오히려 드물다. 그런데도 한국에서는 단지 서열 순으로 편집장을 하는 경우가 태반이다. 편집장이 그만두면, 다음으로 서열이 높은 기자가 이어서 하거나 안 하겠다고 넘기면 다음 순서의 기자가 한다. 입사 순번으로 편집장을 하는 것. 참 단순하고 멍청한 방식이다.

하여튼 생각해봤다. 편집장까지 하고 나면 아마도 나는 회사를 떠나겠지. 그건 언제쯤일까. 그런 생각이 들었을 때 나이가 30대 중반이었고, 잡지에서의 직급은 서열 3위쯤이었다. 편집장과 취재팀장이 있고 다음이 나였다. 보통 편집장은 길면 5, 6년을 하고 짧으면 3년이니 길게 잡아도, 아무리 오래 기다려도 6년에서 8년 정도 지나면 내가 편집장을 할 것 같았다. 그러

1화뿐일지 몰라도 아직 끝은 아니야

고 3년 정도 편집장을 하고 나면 나이는 40대 중후반.

40대 후반에 회사를 그만두고 나면 나는 잘 살아갈 수 있을까? 지금이야 당연히 가능하다고 생각하지만 그때의 나는 시야가 좁았다. 기자 일만 하다가 회사라는 백그라운드가 사라졌을 때, 나의 유일한 기술이라고 할 글쓰기로 생존할 수 있을까? 나는 궁금했다. 기자라는 브랜드가 사라진 후에도 일할 수 있을지.

나라는 인간은 궁금하면 실험을 해봐야 했다. 순수하게 글만으로 먹고살 수 있을지. 가능성은 반반이다. 해봐야 안다. 그렇다면 해볼까? 가만히 있으면서 최대한 버티다가 나가는 것은 성미에 맞지 않았다. 길이 있는데, 가능성이 보이는데 왜 안 해?

"눈앞에 가능성이 있으니까 시험해봤다. 아무리 그게 금기라는 걸 알고 있어도 시험해보지 않을 수 없었다."

그들이야 엄청난 금기였으니 망설일 수밖에 없었지만, 나로서는 큰 부담이 아니었다. 그만뒀다가 실패하면 다시 돌아오거나 다른 잡지로 갈 수 있을 때였으니까. 한창 영화 매체 호황기였으니 가능한 시도라고도 할 수 있었다.

하지만 타인의 눈에는 그렇게 보이지 않았던 모양이다. 〈씨네21〉을 그만둔 후 여기저기에서 왜 그만뒀냐는 이야기를 수없이 들었다. 그렇게 안정적이고, 잘나가는 매체를 그만둔 이유가 정말 궁금하다고.

솔직히 말하면, 질문을 받을 때마다 오히려 의아했다. 나는 〈씨네21〉을 그만둘 때 현재의 위치는 전혀 생각하지 않았다. 〈씨네21〉이 고민의 중심이 아니라, 내가 앞으로 무엇을 할 것인가가 핵심이었으니까. 〈씨네21〉을 중심에 놓고 고민한다면, 앞으로 〈씨네21〉은 어떻게 될 것인가, 무엇을 해야 하고 무엇을 할 수 있을까, 그런 미래에서 나는 어떤 역할을 할 수 있는가, 또는 해야만 하는가, 그것이 과연 나에게 맞을까. 이런 고민들을 해야 한다.

그런데 나는 〈씨네21〉보다 내가 궁금했다. 내가 이런저런 매체에 글을 쓸 수 있는 것은 〈씨네21〉의 기자라는 '브랜드' 때문 아닐까? 기자를 그만둔 후에도 계속해서 글을 써서 먹고살 수 있을까? 나의 실력이 그 정도라고 할 수 있을까?

즉 내가 그만둔 이유는 오로지 확인하고 싶었기 때문이다. 나의 가능성을, 나의 능력을. 직접 경험하기 전에는 잘 모르는 인간이라서.

주변의 모든 것과 크고 작은 의미나 이유 같은 것을 일일이 따지다 보면 본질이 헷갈린다. 핵심은 하나다. 이것을 하고 싶다. 그러니까 하자.

그리고 나는 회사가 나에게 무엇인지 알고 싶었다. 큰 회사를 다니다 나왔거나 고위 공무원이었다가 나온 사람들이 겪는 허탈함에 대해 들었다. 조직의 일원이었을 때는 자신을 떠받들고 너무나 친절하던 사람들이 다 사라졌다고. 기자들은 특히 심하다. 메이저에서 군소매체로 옮기면 취재원의 대우가 확 달라진다. 기자 개인이 아니라 매체의 영향력 때문에 대우해준 것이니까. 하지만 조직 안에 있을 때는 모른다. 내가 잘났으니까, 나라는 인간을 그들이 인정해주고 떠받든다고 생각한다. 그래서 큰 조직에 있으면 공부를 잘

하는 것과 별개로 멍청해지는 인간들이 많다.

어쨌건 확인하는 방법은 하나다. 가능성을 시험해보는 것. 나라는 인간은 대체 무엇인지 생각해보는 것. 다만 다음의 질문에 '그렇다'고 답할 수 있어야 한다. "적어도 1년에서 2년 이상 버틸 수 있는 자금이 마련되었는가?" 안정적으로 시도할 수 있는 기반을 만드는 게 필요하다.

새로운 가능성을 시험해보고 얻게 되는 것은 단지 가능성의 확인만이 아니다. 내가 계획한 일을 어느 정도 해낼 수 있을 거라는 확신을 갖게 된다. 또는 그게 아니어도 새로운 것에 관심이 생기거나 내가 어떤 회사에서 일해야겠다라는 또 다른 계획을 갖게 된다.

'나만의 낭만'에서 시작하는 일들

> 네 낭만을 전부 포기하지는 말아라. 앤,
> 낭만은 좋은 거란다. 너무 많이는 말고,
> 조금은 간직해줘. 〈빨강머리 앤〉

나에게 일은 돈을 벌기 위한 수단이었다. 생계를 꾸려나가기 위한 기본적인 생활비를 버는 것. 모든 것은 그다음이라고 생각했다.

글을 쓰는 것도 마찬가지였다. 처음 글을 쓰기 시작한 것은 돈을 벌기 위해서가 아니었다. 뭔가 말하기 위해서, 내가 느끼고 생각한 것을 기록하기 위한 것이었다. 그러다가 대학에 가서 글쓰기를 다시 생각했다. 어느 정도 글을 쓰는 능력이 나에게 있다는 것을 알았다. 교지와 학보 등에 글을 쓰다가 친구들과 문학회를 만들어서 활동했다. 앞으로 글을 쓰는 것으로 살아갈까 생각하게 되었다.

내가 다른 사람보다 글을 잘 쓴다고 생각해서 선택한 것은 아니었다. 사람과 쉽게 친해지지 못하고, 수학은 아주 못하고, 체력이 좋은 것도 아니고, 자신 있게 사람들에게 내보일 만한 재능이 없었다. 내가 가지고 있는 능력 중에서 그나마 글쓰기가 비교적 잘하는 것이었다. 그래서 글을 쓰면서 살 수 있는 직업을 생각해본 것이다. 예술가로서의 작가는 돈을 벌기 힘들다는 것을 그때도 알고 있어서 꿈꾸지 않았다.

기자를 해야겠다고 생각했다. 생각해보면 무식해서 용감했다. 글을 쓰는 것이 기자이기는 하지만 내성적이고 사람들과 쉽게 어울리지 못하는 성격으로 잘할 수 있을까? 그때는 애써 무시했다. 지금도 비슷하지만, 해야 한다고 생각하면 일단 시작하는 나였다. 내가 잘하고 못하고는 다음 문제였다. 내가 못하면 잘라주겠지. 어느 정도 해내면 계속 일을 할 수 있겠지. 그러니까 내가 미리 고민하지 않고 일단 뛰어든다. 그렇게 기자 일을 시작했다.

기자로서의 글쓰기를 할 때에도 내 원칙은 하나였다. 필요한 글을 쓴다. 기자로서 배당된 일을 하는 것이 우선이었다. 맡은 분야에 대해서 최대한 자료를 찾고, 취재를 하고, 공들여 쓰는 일을 필수적으로 한다. 다만 내가 쓰는 기사는 내가 공들여 만드는 예술작품이 아니라고 분명히 선을 그었다. 주어진 시간에 맞춰서, 중요한 팩트를 최대한 많이 넣어서, 알기 쉽게 독자에게 전달하는 것이 목표였다.

언론사에 들어가 잡지를 만드는 기자로 일했다. 일이다. 돈을 벌기 위한 일. 자아실현 같은 것은 전혀 생각하지 않았다. 〈씨네21〉에서 3년 정도 되었을 때 칼럼을 쓰게 됐다. 처음에는 쓰고 싶지 않았다. 나의 생각을 이야기하는 것은 굳이 필요 없었다. 기사에서는 콘셉트에 맞게 필요한 이야기를 하면 되는 것이고, 나의 이야기를 하고 싶다면 다른 매체의 다른 글에서 하면 된다고 생각했으니까. 그 시절에는 굳이 공적인 기사와 나의 경험과 생각을 분리하려고 애썼다. 아마도 두려웠을 것이다. 기사에서 내 이야기를 한다거나 나의 생각을 담으려 하다가 결국 자신에게 빠져버릴까 봐. 나의 주관적인 생각보다는 객관적인 사실을 말하는 것이 훨씬 중요하다고 믿고 싶었다.

결과적으로 칼럼을 쓰게 된 것은 큰 도움이 되었다. 대중은 좋은 기사를 기억하지만, 이름을 달고 쓰는 기명 칼럼은 필자를 부각시킨다. 칼럼을 연재한 덕에 다른 매체에도 글을 쓰게 되었고, 쓰는 사람으로서의 정체성을 지금까지 가져올 수 있게 되었다.

프리랜서로 일할 때에는 주관적인 칼럼도 많이 썼다. 그때도 나의 시각이나 개성을 좀 더 넣으려고는 했지만 여전히 나의 이야기를 쓰는 것은 피했다. 독자가 원하는 것은 팩트 그리고 나의 개성적인 관점이나 분석이지 필자인 내가 아니라고 믿었으니까. 기사나 칼럼에서 내 이야기를 넣었다가 퇴고하는 과정에서 거의 다 빼버리는 일도 허다했다. 나는 중요하지 않아, 나에게는 관심 없어. 그렇게 생각해야 글이 말끔하게 마무리가 됐다.

하지만 인생을 산다는 것은 결국 누군가를 위한 것이 아니라 나를 위한 것이었다. 결국은 내가 즐거운 일을 해야만 한다. 나이가 들면서, 이제 좀 편해지자 생각했다. 직업인으로서 주어진 일을 열심히 하는 것은 충분히 해왔다. 원하지 않는 일도 하고, 별 관심 없는 영역의 원고도 쓰면서 청년기를 열심히 살아왔으니 이제는 하고 싶은 것을 느긋하게 하자. 그렇게 생각하게 되었다.

영화에 대한 글을 쓸 때, 좋아하지 않는 영화나 영역은 피하게 되었다. 나보다 좋아하고, 잘 아는 사람이 쓰는 게 더 좋으니까. 나는 내가 좋아하는 장르영화와 때때로 반해버리는 어떤 영화들에 대해서 쓰는 것으로 충분했다. 나보다 잘 쓸 수 있는 사람이 많다고 생각하면 일부러 피했다. 이를테면 나는 일본영화를 좋아한다. 그런데 고전영화보다는 70년대 이후 영화들을 주로 좋아한다. 그러니까 오즈 야스지로, 나루세 미키오, 미조구치 겐지 등 고전적인 거장들에 대한 글이나 행사라면 가급적 피한다. 그들이 나보다 훨씬 좋은 이야기를 하고 글을 쓸 것이라고 믿는다. 나는 좋아하는 것들을 보고 듣고 이야기하는 것이 제일 즐겁다.

직장을 다닐 때, 무조건 나를 죽이려 애쓴 것만은 아니다. 그때도 최소한의 낭만을 가지고 있었다. 내가 좋아하는 것이 무엇인지는 활발하게 이야기했다. 그러면 조금씩 좋아하는 쪽의 일들이 들어온다. 그렇게 조금씩 나가다 보면 언젠가는 내가 재미있어 하는 일 위주로 들어오는 경우가 생기고 많아진다.

"네 낭만을 전부 포기하지는 말아라. 앤, 낭만은 좋은 거란다. 너무 많이는 말고, 조금은 간직해둬."

〈빨강머리 앤〉에 나오는 말처럼, 너무 많이 낭만을 간직하고 있으면 직장에서는 힘들어진다. 나의 낭만은 결국 나만의 낭만이니까. 하지만 포기할 필요도, 완전히 지워버릴 필요도 없다. 조금 간직한 낭만으로 재미있는 것들을 찾아가야 한다. 그러고 나면 정말, 언젠가는 재미있는 것들만으로 살아갈 수 있는 때를 만날 수도 있다. 낭만은 결코 잃어버릴 수 없는 마지막 즐거움이다.

잘못된 길에 들어섰다는 생각이 들 때

꿈이구나. '지금보다 더 나은 인생이
있었을지도 모른다'는 악몽.
〈내일 다시 전화할게〉중 단편〈전망대〉

인간은 모두 다르다. 완벽한 인간은 존재하지 않고, 장단점이 저마다 다르다. 어떤 능력이 뛰어나도 어떤 부분은 취약하다. 별자리나 사주를 공부하는 이들은 공통된 이야기를 한다. 타고난 성격이나 운이 있는데, 일방적으로 좋거나 나쁜 것이 아니라고. 하나의 성격이 좋은 점이 될 수도 있고 나쁜 점이 될 수도 있고, 자기가 쓰기 나름이라는 것이다. 예를 들어 별자리의 처녀자리는 완벽주의적인 성향이 있는데, 일을 치밀하게 완수한다는 점에서 장점인 동시에 너무 사소한 것에 몰두해 주변을 피곤하게 하거나 아예 모든 것을 재보면서 시작조차 하지 못한다는 점에선 단점이 될 수도 있다. 결국은 내가 쓰기 나름이다.

부족해도 자기에게 주어진 것을 제대로 활용해서 앞으로 나아가면 된다. 하지만 인간은 보통 내가 가진 것보다는 가지지 않은 것을 원하기 마련이다. 가보지 않은 길, 하지 않은 선택이 더 좋은 결과를 가져왔을 텐데 후회하며 자신을 갉아먹는 것과 비슷하다. 자신의 장점이 많이 있는데도 하나의 못 가진 것을 부러워한다. 영화, 드라마에도 많이 나오는 설정이다.

오래전, 아는 기자 하나는 많은 능력이 있었다. 영어와 불어에 능통했고, 글을 대중적으로 재미있게 쓰는 능력이 있었고, 사람들과 쉽게 가까워지는 것도 능숙했다. 기자로서는 최적이었다. 그 능력만으로도 충분히 성공할 수 있었다.

그런데 다른 것에 눈을 돌렸다. 영화를 분석하고 평가하면서 깊이 있는 글을 쓰는 평론가를 부러워한 것이다. 감독, 배우의 작품과 연기를 인정하고 가치를 발견해주는 평론가가 영화계의 주목을 받는다고 생각한 것이다. 실상은 아니었다. 그런 평론가의 역할도 의미 있는 것은 분명하지만 사실은 저널리즘의 의제 설정이 훨씬 더 주목을 받게 한다. 한국영화의 르네상스 시기에 평론이 주목을 받은 것은 〈씨네21〉이라는 저널리즘 매체가 있었기에 가능한 것이었다. 평론가 이상으로 전문 기자, 저널리스트가 중요하고, 영향력도 크다.

다른 것을 보기 시작하면 끝이 없다. 그래서 그 기자는 자신만의 장점을 활용하는 대신 자신에게 없는 것을 얻기 위해 달려갔다. 결국은 직장을 그만두고 미국으로 유학을 가서 영화를 공부했다. 석사를 따고, 미국에서 강의도 하다가 한국으로 돌아왔다. 그 사이에 세상은 변했다. 영화가 대중문화의 중심이 되면서 순식간에 늘어났던 대학의 영화과는 학생 수가 줄어들면서 사라지는 곳이 늘었고, 얼마 안 되는 교수 자리도 일찌감치 유학을 갔다온 사람들이 선점했다. 영화 저널은 일찌감치 바닥을 쳤고, 저널에서 활약하던 평론가도 함께 사라져갔다. 영화학 박사가 할 일은 논문이나 책을 쓰는 일이었다. 그나마도 팔리지 않는 상황이다.

가정은 의미 없는 일이지만, 만약에 그가 유학을 가지 않고 계속 기자를 했다면 어떻게 되었을까? 기자로서의 능력은 탁월했다. 아마도 반드시 편집장을 했을 것이다. 기자를 하면서 대학원을 가는 경우도 많으니 학위를 딸 수도 있고 그렇다면 오히려 교수가 되는 길도 더 쉽지 않았을까. '평론가'라는 허상을 쫓지 않았다면 훨씬 나은 길이 열릴 수 있었을 거라고 확신한다.

그렇다고 해서, 자신에게 없는 것을 아예 포기하거나 버릴 필요까지는 없다. 세상에는 다른 방식의 길이 얼마든지 있다. 또 자기에게 이미 있는 것만으로도 충분할 수 있다. 그럼에도 인간은 늘 없는 것에 눈을 돌린다. 그리고 시간이 지날수록 회한으로 가득하다. 내가 그때 이런 선택을 했다면, 나는 지금 다른 인생을 살고 있을 텐데. 내가 그때 시험에 붙었더라면 훨씬 나은 인생이 펼쳐졌을 텐데. 이런 부질없는 생각을 끝

1화뿐일지 몰라도 아직 끝은 아니야

없이 하는 게 인간이다.

야마모토 나오키의 단편집 〈내일 다시 전화할게〉에 실린 〈전망대〉에서 "꿈이구나. '지금보다 더 나은 인생이 있었을지도 모른다'는 악몽"이라는 말이 맞다. 그건 단순한 몽상이 아니라 악몽이다. 지금의 내가 잘못된 길에 들어서 있다고 생각하는 후회와 자책은 스스로를 피폐하게 만든다.

인생에서 잘못된 선택은 있다. 잘못된 선택으로 고통의 길에 들어서는 경우도 무수하게 많다. 언젠가 그것을 깨닫는다면 해야 할 일은 단 하나다. 그래서 지금 무엇을 할 것인가?

더 나은 인생은 있을 수 있다. 하지만 다른 과거는 그야말로 평행우주의 다른 곳에서나 가능할 뿐이고, 지금 내가 사는 우주에서 더 나은 인생은, 내가 지금 선택하고 만들어야 하는 나의 미래에 있다.

때로는 자신을 속이고 정당화하면서 살아가는 게
어른의 세계입니다. 그래도 하루가 꼭 좋은 일만
있다고는 장담할 수 없죠. 그래서 '원 포 로드'.
돌아가는 길을 위해서 마시는 한 잔.

바의 한 잔으로 정말 작별을 고하는 건
오늘 하루 싫은 자신, 빌어먹을 자신인지도
몰라요. 이 한 잔으로 싫은 자신에게 안녕을
고하고 새로운 기분을 갖게 되는 거죠.
〈바텐더〉

에필로그

이 책을 쓰겠다고 생각한 후, 내가 다녔던 직장을 되짚어봤다. 거의 10개였다. 대학을 졸업하고 반백수로 지내다가 친구들과 만들었던 출판기획사도 직장으로 간주했다. 영화격주간지 〈시네필〉, 잠깐 스쳐간 비디오잡지, 영화주간지 〈씨네21〉, 한겨레 그리고 한 6개월 다닌 IT 회사, 컬처매거진 〈브뤼트〉, 만화리뷰 웹진 〈에이코믹스〉, 부천국제판타스틱영화제까지. 직장은 아니지만 프리랜서까지 더하면 딱 10개다. 또 1년간 비디오 대여점을 운영하기도 했으니 그것까지 포함하면 11개. 〈씨네21〉은 세 번 들어가고 세 번 나왔다. 두 번은 한겨레신문사 소속이었고, 한 번은 (주)씨네21이었다.

너무 많지도 너무 적지도 않은 숫자다. 대중문화 매체라는 점은 비슷하지만 직장의 틀과 결은 모두 달랐다. 중소기업에 속할 만한 곳도 있었고 그야말로 구멍가게에 아수라장 같은 곳도 있었다. 잡지가 망해서 그만둔 경우도 있었고, 자진해서 그만둔 경우도 있었다. 풍운의 꿈이랄 것은 없지만 다른 무엇인가에 도전하며 그만두기도 했었다. 하여튼 많이도 그만뒀고, 그만둘까 하다가 다닌 경우도 무수하게 많았다.

출판기획사를 운영하면서, 공동의 책임이란 것에 부딪혔다. 지금은 우습게도 들리지만, 돈을 버는 일과 사회에 필요한 일을 하는 것 중에 선택을 해야만 하는 상황에 놓이기도 했다. 나는 돈을 버는 일을 택해 다른 직장을 찾았다. 매체가 적자라면서 월급을 미루는 곳에서 고통을 겪기도 했다. 어떤 회사에 들어가니 부장이 거래처를 다니며 삥을 뜯는 곳이었고 모든 것이 엉망진창이었다. 신문사는 비교적 체계가 잡힌 조직이었다. 그러다 보니 조직이라는 것의 문제를 고스란히 만날 수 있었다. 파벌, 관료주의, 비효율 등등. 대기업의 사보 비슷한 것을 만들면서, 또 다른 회사의 갖가지 문제점들을 경험하게 되었다. 직접 만든 회사가 적자로 결국 문을 닫으면서 겪은 문제들도 있었고.

프리랜서로는 거의 7, 8년의 경험이 있으니 대부분의 상황을 겪었다. 잡다하게 일하고, 각양각색의 인간과 상황을 겪게 되었다. 지나고 나니 그래도 순탄했다고 생각하지만 다시 통과하고픈 생각은 별로 없다.

무엇보다 나에게 직장은 돈을 버는 곳이었다. 직장이 꿈을 이루는 곳이라고 생각한 적은 한 번도 없었다. 어른이 되기 위해서는 경제적인 자립을 하는 것이 필수고, 돈을 벌기 위해서는 직장에 들어가야만 했다. 대학을 졸업하고 자유로운 일을 하면서 돈을 벌어 보자고도 생각했지만 좌절했다. 아무 경력 없이 프리랜서를 한다는 것은 거의 막노동을 하는 일과 같았다. 일은 힘든데 불규칙하고 대가도 적었다. 그래서 직장을 다녀야만 한다고 생각했고, 다녔다.

힘든 일이다. 직장을 다니는 것은 힘들다. 매일같이 아침 일찍 일어나 출근을 하고, 상부의 명령을 따라야 하고, 때로는 거대한 기계의 나사 하나이거나 언제든 대체할 수 있는 부품 취급을 받는 경우도 있다. 그렇다고 프리랜서가 쉬운 것도 아니다. 일이 몰리거나 힘들다고 쉬거나 하면 아예 일이 끊겨버리기도 한다. 내가 아프다고 쉴 수도 없다. 전체의 규칙을 지키는 일은 없지만 나만의 규칙은 더욱 확실하게 지켜야만 한다. 각자의 장단점이 있을 뿐이지 직장과 프리랜서 모두 쉽지 않다. 어른으로서 살아가는 일은 결코 쉽지 않다.

생각해봤다. 뭐가 더 어려울까? 아니 나는 어떻게 직장 생활을 했고, 어떻게 그만두고 다시 시작하게 되었을까? 그만둔 이유는 무엇이고, 다시 다닌 이유는 무엇일까? 그만두고 싶다고 생각하면서도 일단 버틴 이유는 무엇일까? 어느 쪽이건 승리도 패배도 아니다. 그저 선택했을 뿐이다. 외부적 요인, 타의로 그만둘 수밖에 없었던 경우가 아니면 나의 선택에는 모두 이유가 있었고, 내가 감당해야 할 후폭풍이 있었을 뿐이다. 다 좋다. 결국은, 지금의 내가 있으니까.

김봉석이 뽑은 인생만화

<강철의 연금술사> 연금술이 과학인 세계에서 펼쳐지는 흥미진진한 판타지

<꼴찌, 동경대 가다!> 열등생을 동경대에 입학시킬 수 있는 절묘한 공부법과 인생관

<나루토> 최고의 닌자가 되기 위해 분투하는 소년의 이야기

<내일 다시 전화할게> 어른과 세계, 섹스를 다루는 환상적이며 서정적인 단편집

<드래곤헤드> 문명의 종말이 왔을 때 인간이 어떻게 변하는지 보여주는 만화

<라 퀸타 카메라> 남자들이 모여 사는 셰어 하우스, 다섯 번째 방을 거치는 사람들의 이야기

<라이온 킹> 잃어버린 왕좌를 되찾는 사자의 분투를 그린 작품

<리얼> 매력적인 휠체어 농구의 세계를 그린 작품

<마녀> 마녀에 대한 새로운 해석을 보여주는 오컬트 판타지

<마루코는 아홉 살> 아홉 살의 마루코와 주변 사람들의 일상을 그린 만화

<무뢰전 가이> 비정한 세계에서 살아남으려는 남자의 고군분투

<바람계곡의 나우시카> 인간과 자연은 어떻게 공존할 것인지를 말하는 걸작 만화

<베가본드> 최고의 검사가 되려는 남자의 싸움 그리고 성찰

<베르세르크> 검 하나에 의지해 세상의 악마와 싸우는 검사의 이야기

<보노보노> 아기 해달 보노보노와 친구들의 인생 이야기

<불가사의한 소년> 시공을 초월해 인간 세상을 관찰하며 고뇌하는 소년의 이야기

<붉은 돼지> 모든 것을 버리고 돼지로 살아가는 남자의 모험

1화뿐일지 몰라도 아직 끝은 아니야

〈빨강머리 앤〉 고아인 빨강머리 앤이 명랑하고 멋지게 살아가는 이야기

〈산〉 산이 좋아서, 산에서 살아가는 남자가 보는 세상의 이야기

〈소라닌〉 달콤하지만 씁쓸한, 무엇이건 가능하지만 할 수 없는 청춘 이야기

〈스폰지밥〉 바닷속 생물들의 유쾌한 일상 이야기

〈슬램덩크〉 농구를 시작한 철부지 강백호의 파란만장한 승부 이야기

〈심슨 가족〉 가족, 사회를 신랄한 방식으로 꼬집고 쓰다듬는 가족 애니메이션

〈엠마〉 메이드의 세계를 지극히 리얼하게 그린 작품

〈요츠바랑!〉 무엇이건 새롭고 신기하게 세상을 보는 아이와 주변 이야기

〈우리들이 있었다〉 혼란스럽지만 빛나는 청춘의 이야기

〈원피스〉 정의롭고 착한, 최고의 해적을 꿈꾸는 소년 루피 이야기

〈원한해결사무소〉 원한을 대신 해결해주는 회사의 이야기

〈일리어드〉 신화, 전설의 시공을 찾아 떠나는 매력적인 모험물

〈진격의 거인〉 압도적인 거인이 인간을, 나를 공격하는 만화

〈카우보이 비밥〉 우주를 배경으로 펼쳐지는 액션 판타지

〈코드 기아스: 반역의 를르슈〉 브리타니아의 식민지가 된 일본을 무대로 한 판타지

〈파계〉 초능력을 가진 남자가 키 큰 여자를 사랑하며 벌어지는 파국의 이야기

〈헬로우 블랙잭〉 초보의사가 불합리하고 부조리한 관습과 싸워나가는 이야기

〈홀리랜드〉 왕따 소년이 최고의 스트리트 파이터로 성장하는 작품

1화뿐일지 몰라도
아직 끝은 아니야

ⓒ 김봉석, 2020

초판 1쇄 인쇄 2020년 3월 23일
초판 1쇄 발행 2020년 3월 31일
지은이 김봉석
펴낸이 이상훈
편집인 김수영
본부장 정진항
편집2팀 허유진 김진주 김경훈
마케팅 천용호 조재성 박신영 조은별 노유리
경영지원 정혜진 이송이

펴낸곳 한겨레출판㈜ www.hanibook.co.kr
등록 2006년 1월 4일 제313-2006- 00003호
주소 서울시 마포구 창전로 70 (신수동) 화수목빌딩 5층
전화 02) 6383-1602~1603
팩스 02) 6383-1610
대표메일 book@hanibook.co.kr

ISBN 979-11-6040-376-3 03810